¡Claro!

Symbols and headings you will find in the book: what do they mean?

🎧 Escuchar
A listening activity

📖 Leer
A reading activity

💬 Hablar
A speaking activity

✏️ Escribir
A writing activity

⬆ ¡Arriba, arriba!
Go further boxes to improve your answers

Aa Gramática
Grammar explanation

⚙ Estrategia
Language and skills strategies

C Patrones y reglas
Language patterns

i ¡Cultura!
Hispanic cultural information

! ¡Atención!
Tips on avoiding mistakes

⬍ Traducir
A translation activity

¡Zona cultura!
Learn more about Hispanic culture

Labo-lengua
Grammar and pronunciation

El podio de los campeones
Reinforcement and extension activities

¡Demuestra lo que sabes!
Test yourself

Mi lista de logros
Check your progress

Vocabulario
Unit vocabulary list

Gramática
Grammar reference

Glosario
Glossary

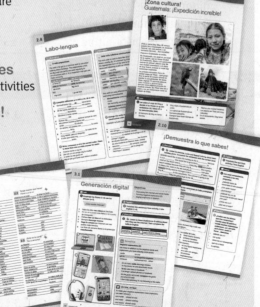

kerboodle

Further resources available on ¡Claro! 2 Kerboodle

〜 An audio file

🎞 A video clip

🖥 A grammar presentation

José Antonio García Sánchez   Tony Weston

Tabla de contenidos

El mundo hispanohablante

Santiago de Compostela

Santander

Bilbao

FRANCIA

Burgos

Zaragoza

Barcelona

PORTUGAL

Madrid

Ávila

Valencia

Palma

Mérida

ISLAS BALEARES

Córdoba

Murcia

Sevilla

ISLAS CANARIAS

ESTADOS UNIDOS

CUBA

MÉXICO

HONDURAS

REPÚBLICA
DOMINICANA

GUATEMALA

NICARAGUA

EL SALVADOR

PANAMÁ

COSTA RICA

VENEZUELA

COLOMBIA

ECUADOR

ISLAS
GALÁPAGOS

PERÚ

El río Amazonas

BRASIL

ISLA DE
PASCUA

BOLIVIA

PARAGUAY

CHILE

ARGENTINA

URUGUAY

ÁFRICA

GUINEA ECUATORIAL

NORTE

OESTE —— ESTE

SUR

Las instrucciones

Adivina . . . . *Guess*	Describe . . . . *Describe*	Lee . . . . *Read*
Apunta . . . . *Note down*	Diseña . . . . *Draw/design*	Menciona . . . . *Mention*
Busca . . . . *Find*	Empareja . . . . *Match*	Mira . . . . *Look at*
Cambia . . . . *Change*	Encuentra . . . . *Find*	Pon . . . . *Put*
Completa . . . . *Complete*	Escribe . . . . *Write*	Practica . . . . *Practise*
Contesta . . . . *Answer*	Escucha . . . . *Listen*	Pregunta (a) . . . . *Ask*
Copia . . . . *Copy*	Habla . . . . *Talk*	Prepara . . . . *Prepare*
Da . . . . *Give*	Haz . . . . *Do/Make*	Selecciona . . . . *Select*
Decide . . . . *Decide*	Incluye . . . . *Include*	Traduce . . . . *Translate*

Palabras importantes

Larger numbers

cien . . . . *a hundred*
doscientos . . . . *two hundred*
trescientos . . . . *three hundred*
cuatrocientos. . . . . . *four hundred*
quinientos . . . . *five hundred*
mil . . . . *a thousand*

un millón . . . . *million*
mil millones. . . . .*billion*
centenas. . . . .*hundreds*
millares . . . .*thousands*
millones . . . . *millions*
mil millones . . . .*billions*
¡un montón! . . . .*loads!*

In Spanish 'a thousand million' is used to say 'a billion':

Chantaje de Shakira y Maluma tiene más de dos mil millones de visitas. – *Chantaje by Shakira and Maluma has more than two billion views.*

Past, present and future

ayer . . . . *yesterday*
anoche . . . .*last night*
el mes pasado . . . .*last month*
hace dos semanas *two weeks ago*
el año pasado . . . . *last year*
hace dos años . . . . .*two years ago*

hoy. *today*
ahora. . . . .*now*

mañana . . . .*tomorrow*
el lunes que viene. . .*next Monday*
la semana que viene . . *next week*
el verano que viene. *next summer*
en el futuro. . . . . *in the future*

More frequency words

todos los días. . . . .*every day*
cada día . . . .*every day*
todos los fines de
semana. . . . . *every weekend*
cada semana. . . . .*every week*
de vez en cuando . . . . .*sometimes*
no mucho . . . . *not a lot*
a menudo . . . .*often*
siempre. . . . .*always*
nunca . . . .*never*
jamás . . . .*never*
¡nunca jamás! . . . .*never ever!*

More opinions

prefiero . . . . *I prefer*
me gusta . . . . *I like*
me encanta . . . .*I love*
adoro . . . . *I adore*

me apetece . . . . *I feel like*
me preocupa . . .*I'm worried about*
me da miedo . . . .*I'm scared of*
me da rabia . . . . .*I'm angry about*
me da pena . . . . *I'm saddened by*
me da asco. . . . . *it makes me sick*
me repugna . . . .*it disgusts me*

odio . . . . *I hate*
detesto . . . .*I detest*

Seasons

otoño. . . . . *autumn*
invierno. . . . . *winter*
primavera. . . . .*spring*
verano . . . . *summer*

More sequencing words

primero . . . . *first*
luego . . . . *then*
después. . . . . *after*
además. . . . . *furthermore*
más adelante. . . . . *later on*
finalmente . . . .*finally*

Describing an image

en la foto. . . . . *in the photo*
en la imagen . . . .*in the image*

en primer
plano . . . .*in the foreground*
en segundo
plano . . . .*in the background*
a la izquierda. . . . .*on the left*
a la derecha . . . .*on the right*

se puede ver. . . . .*you can see*
veo . . . .*I see*
hay. . . . . *there is/there are*

Ordinal numbers

primero . . . . *first*
segundo . . . . *second*
tercero . . . . *third*
cuarto . . . . *fourth*
quinto . . . . *fifth*

¡Qué hambre!

Objectives

- Talking about what you eat and drink
- Using the verbs *comer* and *beber*
- Including cultural knowledge in your work

🎧 Escuchar

1 〰 **Escucha a los jóvenes (a–f) hablar sobre comidas y bebidas. Escribe las <u>dos</u> opciones que menciona cada joven.**

*Ejemplo: **a** leche, tostadas*

leche | tostadas

verdura

patatas fritas

arroz

zumo de piña

agua

fruta

carne

pollo

pescado

salchichas

Aa Gramática

p.22; WB p.10

Comer and beber in the present tense

Comer (to eat) and *beber* (to drink) are regular verbs in the present tense.

	comer	*beber*
yo	com**o**	beb**o**
tú	com**es**	beb**es**
él/ella	com**e**	beb**e**
nosotros/as	com**emos**	beb**emos**
vosotros/as	com**éis**	beb**éis**
ellos/as	com**en**	beb**en**

🔤 Patrones y reglas

These regular verbs are also used to talk about what you eat and drink:

desayunar — to have breakfast

cenar — to have dinner

tomar — to have (used for food **and** drink)

These two verbs are also used. They are radical-changing verbs.

almorzar — to have lunch

merendar — to have a snack (afternoon)

- alm**ue**rzo, alm**ue**rzas, etc.
- mer**ie**ndo, mer**ie**ndas, etc.

📖 Leer

2 Lee sobre lo que comen y beben estos jóvenes. Decide si las frases (a–f) son verdaderas (V), falsas (F) o no mencionadas (NM).

Halim: Siempre desayuno **cereales** o **yogur**, nunca **tostadas**. En mi familia, tomamos zumo de piña, **té** o **café**.

Sonia: Ceno con mi familia en casa. Como carne con arroz, pero mi hermana cena una **ensalada** con **tomates**.

Carlitos: Como patatas fritas y bebo zumo de piña. De vez en cuando ceno **pizza** con **kétchup**.

Macarena: Mi madre y yo comemos a las dos y media. Normalmente como **salmón**. También me gusta la **sopa** de pollo.

Wenceslao: Nunca desayuno, pero como en el instituto. Como mucha **fruta**, por ejemplo una **pera** o un **kiwi**.

a Halim desayuna tostadas.
b Sonia es vegetariana.
c Carlitos bebe zumo de naranja.
d Macarena come a las 2.15.
e Macarena normalmente toma pescado.
f Wenceslao come fruta con sus amigos en la cantina.

3 The words in bold in activity 2 are all cognates or near-cognates. Discuss their meaning in English with a partner.

ℹ️ ¡Cultura!

In Spain, some mealtimes are different to what you might be used to. Lunch is a lot later, around 2 or 3 pm. Some people have a snack around 5 or 6 pm, known as *la merienda,* and then dinner at 9 or 10 pm.

💬 Hablar

4 Habla con cuatro compañeros/as sobre lo que coméis. Usa el vocabulario de las actividades 1 y 2.

¿Qué desayunas?

Normalmente, desayuno café con leche y tostadas.

¿Qué comes?

A veces como pescado y verdura.

¿Qué cenas?

Siempre ceno carne con patatas a las nueve y media.

¡Arriba, arriba!

Extend your sentences using negative constructions, conjunctions and frequency words.

***No** como pescado y, **además**, **nunca** como arroz.*

⚙️ Estrategia

Including cultural knowledge in your work

When talking about a topic area such as food, try to include details from Spanish culture, for example, mealtimes, foods, or the name of a restaurant. You don't need to have been to Spain to mention them!

✏️ Escribir

5 Escribe un párrafo sobre lo que los miembros de tu familia comen y beben.

Ejemplo: Mi padre desayuna tostadas a las siete. A veces mis hermanos comen...

¡Ñam, ñam!

Objectives

- Giving opinions on food and drink
- Forming negative expressions (I)
- Describing an image

📖 Leer

1 Empareja los platos tradicionales (1–6) con las fotos correctas (a–f).

1 España – paella (arroz, marisco o carne y guisantes)
2 México – tacos (pollo, pimientos y guacamole)
3 Cuba – congrí (arroz con frijoles)
4 Argentina – empanadas (de carne o verdura)
5 Colombia – arepas (con jamón, queso o carne)
6 Perú – ceviche (pescado, zumo de limón, cebolla)

a

b

c

d

e

f

Aa Gramática

Negative expressions

There are several ways to form a negative sentence in Spanish.

No me gusta el arroz.	I **don't** like rice.
Nunca como ceviche.	I **never** eat ceviche.
No bebo **ni** zumo **ni** leche.	I drink **neither** juice **nor** milk.
No me gustan **nada** los champiñones.	I **don't** like mushrooms **at all**.

Note that *nada* is also used to mean 'nothing' or 'anything' in a negative sentence:

No como **nada**.	I eat **nothing**/I **don't** eat **anything**.

🎧 Escuchar

2 〰️ Escucha a los jóvenes (1–5) y completa la tabla con el plato de las fotos que les gusta (✓) y el que no (✗).

	✓	✗
Ejemplo 1	d	b
2		

🔷 Patrones y reglas

When giving opinions, you must use the definite article:

- *me gustan **las** patatas fritas*

But when saying what you eat and drink, the article is not needed:

- *como patatas fritas*

📖 Leer

3 Read the opinions about food and choose the correct name for each statement (a–f).

Josué

Normalmente como una gran variedad de comidas porque es divertido. Mi plato favorito es el ceviche; es una ensalada de pescado. Sin embargo, no como tacos ni arepas y, además, el queso me repugna.

Paca

Soy vegetariana y mi comida favorita es la paella de verdura. ¡Me chifla! Es un plato español muy tradicional. También adoro los tacos vegetarianos.

Héctor

¡Puaj! El congrí es asqueroso: no me gusta comer frijoles con arroz. ¡Es muy extraño! Pero me chiflan los tacos de carne. ¡La comida mexicana es fantástica! No bebo ni zumo de naranja ni refrescos.

los frijoles	beans
refrescos	fizzy drinks
me repugna	it disgusts me

a My favourite dish is Spanish.
b I don't like fizzy drinks.
c I find cheese disgusting.
d I eat a wide range of different foods.
e Rice with beans is strange.
f I don't eat meat.

📖 Leer

4 Empareja los adjetivos (1–8) con su significado en inglés (a–h).

1	delicioso	**a**	bitter
2	asqueroso	**b**	salty
3	sabroso	**c**	delicious
4	insípido	**d**	sweet
5	salado	**e**	disgusting
6	amargo	**f**	bland/tasteless
7	dulce	**g**	spicy
8	picante	**h**	tasty

🎧 Escuchar

5 〰️ Listen to Ramón and Alicia's conversation. Then, in English, make a list of the four foods mentioned and the adjectives used to describe them.

✏️ Escribir

6 Mira la foto y luego contesta las tres preguntas en español.

- ¿Qué hay en la foto?
- ¿Te gusta la comida española? Da ejemplos.
- ¿Cuál es tu comida favorita? ¿Por qué?

⚙️ Estrategia

Describing an image

Think about what you **can** say and try not to focus on one object: you may not know the word to describe it! Develop your answers by including ambitious conjunctions, opinions, and a variety of original language. Make sure you don't repeat yourself and check your work for errors.

💬 Hablar

7 Contesta las preguntas de la actividad 6 con tu compañero/a.

¡Una de bravas, por favor!

🎧 Escuchar

1 〰️ **¿Qué van a tomar? Escucha los diálogos (1–4) y escribe las letras correctas (a–f).**

*Ejemplo: **1** f*

ℹ️ ¡Cultura!

Tapas are a Spanish speciality consisting of small portions of food, often given for free with a drink or for a small charge.

💬 Hablar

2 **Juego de rol (*role play*). Lee el diálogo y el menú. Luego, con tu compañero/a, cambia las palabras subrayadas (*underlined words*) por platos diferentes.**

¡Camarero!

¿Sí?, ¿qué va a tomar?

De primer plato, quiero pan con paté.

¿Y de segundo plato?

Pastel de verdura, por favor.

¿Y de postre?

Arroz con leche.

Muy bien.

El menú

Primer Plato
Ensalada fresca
Pan con paté
Gazpacho

Segundo Plato
Filete de ternera con patatas fritas
Pescado con verdura
Pastel de verdura

Postres
Pastel de chocolate
Natillas con galleta
Arroz con leche

(a) patatas bravas

(b) champiñones

(c) gambas al ajillo

(d) tortilla española

(e) calamares

(f) pulpo

🎧 Escuchar

3 〰️ Escucha las conversaciones. Luego empareja los platos (1–4) con los problemas (a–d).

Platos	Problemas
1 pastel	**a** no tengo mucho apetito
2 natillas con galleta	**b** son demasiado dulces
3 filete de ternera	**c** no me gustan las galletas
4 arroz con leche	**d** soy alérgica a la lactosa

⇕ Traducir

4 Translate the problems from activity 3 (a–d) into English.

Aa Gramática

p.22; WB p.11

Using _tú_ and _usted_

When talking to someone in Spanish, you can address them informally, using the _tú_ form of the verb, or more formally, using the _usted_ form. You will generally only use the _usted_ form when you want to show more respect, such as when talking to an older person. To use the _usted_ form, simply choose the he/she form of the verb.

- _¿Qué desea, señor?_

📖 Leer

5 Read about Lorena and Alberto's favourite menus and answer the questions (a–e) in English.

Lorena

Siempre me gusta comer verdura, porque soy vegana. Mi restaurante favorito se llama El Huerto De Pedro. ¡La comida es deliciosa allí! De primer plato, siempre tomo sopa de guisantes, y de segundo plato, lasaña de verdura.

Alberto

Mi padre tiene un restaurante tradicional a las afueras de mi pueblo. Nunca tomo gazpacho de primer plato porque es un poco amargo, prefiero las gambas al ajillo o los champiñones. De segundo siempre como carne. El postre es mi parte favorita... a veces tomo pastel de naranja.

a Why are vegetables Lorena's favourite food?
b What first course does Lorena always choose?
c Where is Alberto's father's restaurant?
d What is his opinion of gazpacho?
e Which is his favourite course?

⚙️ Estrategia

Answering questions in English

It can be a relief to see questions in English, but be careful! These tasks can be harder than those which have questions in Spanish. The questions are often phrased in a difficult way and can require you to know complex vocabulary. Take your time and make educated guesses if necessary.

✏️ Escribir

6 Diseña tu menú ideal. Incluye muchos platos diferentes. Escribe información extra, por ejemplo, los precios y los ingredientes.

Mi dieta sana

🗨 Hablar

1 Mira el plato de comidas sanas y habla con un(a) compañero/a. ¿Cuántos ingredientes podéis mencionar?

Veo frutas...

📖 Leer

2 Lee las descripciones y empareja cada párrafo (1–5) con el grupo correcto de la actividad 1 (a–e).

1 El pan, las patatas y el arroz forman este grupo. **Es recomendable** tomar cinco porciones al día.

2 Este grupo contiene proteínas y contiene nutrientes importantes. **Es ideal** tomar dos porciones al día de carne, pescado o huevos.

3 Contiene muchos productos lácteos, como queso, yogures, bebidas con leche y helados. **Es aconsejable** tomar dos o tres porciones diarias.

4 Es el grupo menos importante, pero también **es esencial** tomar una o dos porciones de vez en cuando porque contiene grasas. El aceite, las galletas y el chocolate forman este grupo.

5 Es un grupo muy grande y variado: manzanas, peras, naranjas, fresas, zanahorias, pimientos... **Es importante** consumir cuatro o cinco porciones al día.

helados	ice creams		*zanahorias*	carrots
grasas	fat		*fresas*	strawberries

Aa Gramática

p.23; WB p.12

Mucho and poco

Mucho means 'a lot'.

bebes **mucho**	you drink a lot

Poco means 'little', or 'not a lot'.

comen muy **poco**	they eat very little

Mucho and *poco* must agree with any noun they describe:

como much**a** fruta
comemos poc**os** tacos

⬆ ¡Arriba, arriba!

Extend your sentences by using the structure *es* + adjective, and following it with any infinitive.

es ideal	it is ideal
es recomendable	it is recommended
es importante	it is important
es esencial	it is essential
es aconsejable	it is advisable

- *Es esencial comer fruta.*
  It is essential to eat fruit.

⇕ Traducir

3 Traduce al español el siguiente párrafo. Usa el texto de la actividad 2 para ayudarte.

Group 5 contains a lot of vegetables, and groups 2 and 3 also contain many important nutrients. It is not recommended to eat a lot of chocolate. It is advisable to consume few fats.

📖 Leer

4 〰 Lee el cuento corto (*short story*) de Raquel Keren y contesta las preguntas en español.

El pollo

Dani es un chico muy vivaz. Tiene cuatro años, y está sentado a la mesa, es la hora de su almuerzo.

"Vamos Dani, presta atención a tu comida" le dice su mamá.

"Sí, pero quiero solo las patatas y esto" y señala una verdura.

"¿Y qué pasa con el pollo, que está tan rico y tierno?"

"No quiero comerlo."

"Un poco puedes, ¿sí?" insiste ella.

"¿Por qué? A los animales hay que quererlos y cuidarlos, no comerlos" replica Dani con seriedad.

Su mamá, emocionada, sonríe...

señala	points to
tierno	tender
querer	to love
sonreír	to smile

a ¿**Cuántos** años tiene?
b ¿**Dónde** está Dani?
c ¿**Qué** quiere comer exactamente? (**2**)
d Según su madre, ¿**cómo** es el pollo? (**2**)
e ¿**Qué** opina Dani de los animales? (**2**)
f ¿**Cómo** reacciona su madre al final?

🎧 Escuchar

5 〰 Escucha la conversación entre el nutricionista y estos cuatro estudiantes. Luego decide si cada uno lleva una dieta sana (✓) o no (✗).

	Juan	Nadia	Alberto	Gala
✓ / ✗				

(no) se debe	you must (not)
(no) tienes que	you (don't) have to

6 〰 Listen again and complete sentences a–d with the correct advice. Answer in full sentences and be as precise as possible.

a Juan must eat more...
b Nadia should also eat...
c Alberto must...
d Gala must...

✏️ Escribir

7 ¿Cómo es tu dieta? Escribe unas 70–80 palabras en español. Menciona:

- lo que comes y bebes normalmente
- si (*if*) en tu opinión es sano o no
- tus recomendaciones para mejorar (*improve*) tu dieta.

⚙️ Estrategia

Writing without support

Challenge yourself to write a paragraph without using your notes or a dictionary. This will help you to develop the skill of thinking your way around a problem. If you can't say something, you must find a different way. This is good practice for exams!

¡Ay, qué dolor!

Objectives

- Saying what parts of the body are hurting
- Using the verb *doler* in the present tense
- Re-using language

🎧 Escuchar

1 〰️ Listen to the young people describing where they're hurting. For each person (a–g) write the body parts they mention. Be careful: they may mention more than one!

Example: **a** *nose and knee*

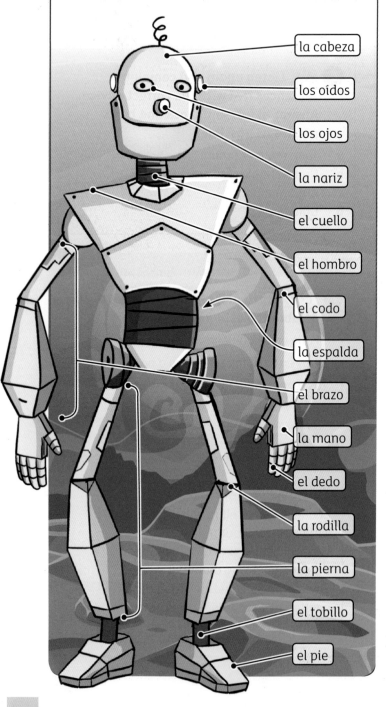

la cabeza
los oídos
los ojos
la nariz
el cuello
el hombro
el codo
la espalda
el brazo
la mano
el dedo
la rodilla
la pierna
el tobillo
el pie

C Patrones y reglas

The word *dedo* is used for both fingers and toes! To avoid confusión, you can say *el dedo de la mano* ('finger') or *el dedo del pie* ('toe').

Aa Gramática   p.23; WB p.13

Doler in the present tense

The verb *doler* ('to hurt') works like *gustar*.

me duele	it hurts me
te duele	it hurts you
le duele	it hurts him/her

- *me duele la cabeza* — my head hurts
- *le duele la espalda* — his/her back hurts
- *te duelen las piernas* — your legs hurt

📖 Leer

2 Lee los mini diálogos y complétalos con las palabras correctas de abajo.

–¿Qué te duele, Fernando?

–¡Ay! Me **1**_____ el estómago.

–¿Qué pasa, Juliana?

– A mi padre le duelen **2**_____ los oídos y la pierna.

–¿Qué te duele, Eloísa?

– Nada, estoy muy **3**_____, gracias.

–¿**4**_____ pasa, Manuel?

– A mi amigo Pepe le **5**_____ bastante los pies y también el hombro.

–¿Qué **6**_____ duele, Gloria?

–¡Au! Me duelen los codos y la nariz. ¡Qué mal!

duelen	mucho	te	bien	duele	Qué

Hablar

3 ¿Qué te duele? Pregunta a tres compañeros/as. Usa las expresiones de la actividad 2 para ayudarte.

> ¿Qué te duele?

> *¡Ay! Me duelen las manos.*

⬆ ¡Arriba, arriba!

Add detail by using *desde hace* to explain how long you have been in pain:

- *Me duele la mano **desde hace** dos días.*
  My hand has been hurting for two days.

You can use this structure in other scenarios:

- *Vivo en Madrid **desde hace** un mes.*
  I have been living in Madrid for a month.

Escuchar

4 〰 Listen to the dialogues at the doctor's and complete the table. For each patient (a–e), note the body part and the length of time it has been hurting.

	Body part	How long?
Example a	*hands*	*seven hours*

⚙ Estrategia

Re-using language

It is very important to regularly re-use the expressions and grammar points you have already learnt. Re-use is the best form of revision and will keep your work at a very high standard.

📖 Leer

5 Read the messages by two young people who are discussing their health. Then decide if the statements (a–f) refer to Gregorio (G) or Susana (S).

Gregorio

En este momento, tengo muchos problemas de salud. Cuando leo libros o hago los deberes en la biblioteca, me duelen bastante los ojos. Además, de vez en cuando bebo refrescos y luego me duele el estómago. Me duele la cabeza desde hace trece minutos porque vivo en Madrid y hay mucho ruido. ¡Au!

Susana

Generalmente soy una chica muy sana, pero a veces tengo dolores porque practico muchos deportes. Si juego al fútbol tres días a la semana, me duelen las piernas y los pies. Ahora me duele la espalda porque hago mucha natación. Desafortunadamente, me duele mucho. ¡Ay!

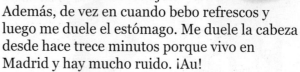

a I am really sporty.
b My back really hurts.
c I drink fizzy drinks now and again.
d I am not generally very healthy.
e I live in a noisy place!
f I do a lot of swimming.

6 Lee el texto otra vez y busca estas palabras o expresiones (a–f).

a when I read   **d** per week
b I have a headache **e** now
c a lot of noise   **f** unfortunately

⇕ Traducir

7 Translate Gregorio's paragraph from activity 5 into English.

¡Ponte esta crema!

Objectives

- Discussing health problems and treatments
- Using the imperative
- Performing a role play

📖 Leer

1 El mono Manolo tiene problemas de salud. Mira los dibujos y reescribe las palabras en negrita (*in bold*). Usa las palabras de abajo para ayudarte.

a tengo una **piuracad**

b tengo una **maduquera**

c tengo **ost**

d tengo **ipegr**

e tengo **vmiosót**

f tengo una **pinera orta**

g estoy **cdansoa**

h estoy **amaredo**

cansado/a gripe mareado/a pierna rota quemadura vómitos picadura tos

📖 Leer

2 Lee los síntomas de estos jóvenes y decide qué problema de salud de la actividad 1 tienen.

Itzíar: Estoy mal: me duelen la cabeza y la nariz. También tengo tos. Creo que es un virus.

Gabriel: ¡Oh no! Mira, hay un mosquito enorme en el jardín... ¡Ay! Ahora me duele el brazo.

Ascensión: Hago los deberes desde hace cuatro horas. Es la una de la mañana. Tengo que dormir.

Lucas: Me encanta la comida rápida: las pizzas, las hamburguesas... Ahora me duele mucho el estómago y necesito ir al aseo urgentemente... ¡Ay!

la comida rápida   fast food

> **!** **¡Atención!**
>
> There are many other ways to say you are feeling unwell in Spanish.
>
> *Estoy mal.*
> *No me encuentro bien.*
> *Me siento fatal.*

tiene gripe está cansada tiene una picadura tiene vómitos

📖 Leer

3 Empareja las medicinas y los remedios (1–5) con los dibujos (a–e).

1 un jarabe   3 una tirita   5 unas pastillas
2 una crema   4 leche con miel

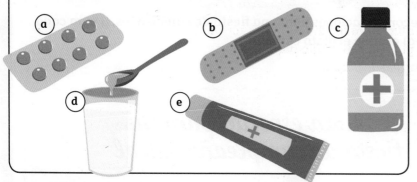

Aa Gramática

The imperative

The imperative is used for commands or requests. To form it, use the third-person singular of a verb.

bebe leche con miel	drink milk with honey
toma este jarabe	take this syrup
¡come más fruta!	eat more fruit!

Remember that some imperatives are irregular:

pon(te) esta crema	put on this cream
¡ten cuidado!	take care!

If you are talking to more than one person, you must use the plural (*vosotros*). To form this, replace the last letter –*r* of the infinitive with –*d*.

bebed, tomad, comed, escribid...

🎧 Escuchar

4 〰 Listen to the conversations at the doctor's (a–e). Complete the table in English with as much detail as possible.

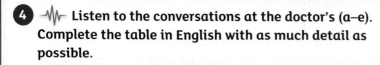

	Problem	Solution
Example a	headache, dizzy for 2 days	take pills 4 times a day

✏️ Escribir

5 Lee otra vez los síntomas de la actividad 2. Para cada persona (a–d), recomienda una medicina o un remedio.

a   Itzíar...   c   Ascensión...
b   Gabriel...   d   Lucas...

💬 Hablar

6 Juego de rol. Lee los diálogos, y luego, con tu compañero/a, adáptalos cambiando las palabras subrayadas.

Diálogo 1

–¡Doctor! Me duele mucho <u>el brazo</u>.

–*¡Madre mía! ¿Desde hace cuánto tiempo?*

–Desde hace <u>tres horas</u>.

–<u>*Toma estas pastillas y ponte esta crema.*</u>

–Gracias, doctor.

Diálogo 2

–¡Doctor! Mi hermano y yo tenemos <u>tos</u> y estamos <u>cansados</u>.

–*¿Desde hace cuánto tiempo?*

–Desde hace <u>dos días</u>.

–<u>*Tomad este jarabe y bebed mucha agua.*</u>

⚙️ Estrategia

Performing a role play

Try to 'get in character'. Use plenty of expression and intonation (but not too much!), and make sure your language is accurate. You generally don't need to use lots of complex language; the aim is to get your message across.

¡Zona cultura!
La cocina

⇕ Traducir

1 Translate this paragraph into English.

Yuya es una vloguera mexicana muy famosa. Su canal en YouTube es uno de los más populares del mundo; ¡tiene más de veinte millones de suscriptores! Yuya es simpática y muy habladora. Normalmente habla sobre muchos temas: la familia, los amigos, las vacaciones... ¡y la comida!

📖 Leer

2 Lee las recomendaciones para una fiesta de cumpleaños, y para cada frase (a–g) escribe el plato correcto.

*Ejemplo: **a** tortilla de patata*

Comida especial para mi fiesta de cumpleaños ideal

Guacamole con nachos

El guacamole es muy típico en México y siempre está presente en mis fiestas de cumpleaños. Los ingredientes no cuestan mucho. Con dos o tres aguacates, zumo de limón o lima, y sal... ¡hummmm! ¡Me chifla el guacamole! Y los nachos son baratos en el supermercado.

Mini fajitas de pollo

También me encantan las fajitas, pero el problema es que son bastante grandes y difíciles de comer. La solución es hacer mini fajitas. Mis ingredientes favoritos: pollo, cebolla y salsa picante de tomate. Si tienes amigos vegetarianos, prepara las fajitas con pimientos.

Tortilla de patata

Este plato es muy típico en España. Los ingredientes son: patatas, huevo, cebolla y sal. Prefiero la tortilla con cebolla, pero no es esencial. Es un plato muy sabroso y sano.

¡El pastel de cumpleaños!

¡Síííí! El pastel es el centro de atención en una fiesta de cumpleaños. Yo prefiero cocinar en casa con mi madre y preparar mi propio pastel. Mis combinaciones preferidas son: fresas con chocolate, zanahoria, y caramelo con naranja o limón.

compartir	to share
pastel de cumpleaños	birthday cake (Mexican Spanish)

a Es un plato típico en España.

b ¡Este postre es esencial para un día tan especial!

c Normalmente se sirven con carne, pero no es necesario.

d No es caro preparar este plato.

e Este plato tradicional tiene cebolla.

f En mis fiestas de cumpleaños, siempre sirvo este plato mexicano.

g Típicamente son bastante grandes.

La receta de la semana

En España hay muchos postres y dulces típicos, pero **las torrijas** son las más populares de norte a sur. ¡Son muy fáciles de hacer!

Necesitas:
- azúcar
- pan
- leche
- aceite
- canela
- huevos

📖 Leer

3 Lee los verbos y empareja el español (1–6) con el inglés (a–f).

1	batir	**a**	to cover
2	mezclar	**b**	to soak
3	cortar	**c**	to fry
4	mojar	**d**	to beat
5	freír	**e**	to cut
6	cubrir	**f**	to mix

🎧 Escuchar

4 〰 **Escucha a un cocinero explicar cómo cocinar torrijas. Luego lee el texto y corrige los errores. ¡Hay seis en total!**

Ejemplo: Batir ~~tres~~ dos huevos en un plato.

1 Batir tres huevos en un plato. En otro plato diferente, mezclar el azúcar con la canela. Y en un tercer plato, poner un cuarto de litro de agua.

2 Cortar el pan en rebanadas uniformes, de distinto tamaño, y mojar el pan en la leche. Antes, mojar el pan en el huevo batido.

3 Inmediatamente después de mojar el pan en la leche y el huevo, freír en aceite bastante caliente.

4 Finalmente, cubrir las rebanadas con la mezcla de azúcar y canela, por un lado... ¡y ya está!

rebanadas	slices
mojar	soak

✏️ Escribir

5 ¿Cuál es tu plato favorito? Escribe una receta (*recipe*) usando los infinitivos de la actividad 3.

💬 Hablar

6 Da una presentación en tu clase (con fotos y vídeos) con tu receta de la actividad 5.

Labo-lengua

Aa Gramática

 Verbs relating to food and drink

There are a number of regular verbs in the present tense that can be used to describe what you eat and drink:

comer	to eat/to have lunch
beber	to drink
desayunar	to have breakfast
cenar	to have dinner
tomar	to have

There are also two radical-changing verbs:

almorzar	to have lunch
*alm**ue**rzo, alm**ue**rzas...*	
merendar	to have a snack (afternoon)
*mer**ie**ndo, mer**ie**ndas...*	

It is important to avoid translations into Spanish that are too literal, e.g. 'I have' is usually *tengo*, but not when talking about what you eat and drink.

1 **Complete the sentences (a–h) with the correct translations of the verbs in brackets.**

a   Por la mañana _____ unas tostadas y un café. (*we have breakfast*)

b   En mi casa yo siempre _____ a las nueve menos cuarto. (*I have dinner*)

c   Mi hermana a veces _____ zumo de naranja o de manzana. (*she drinks*)

d   ¿A qué hora _____ la sopa? (*you all have*)

e   Mis abuelos nunca _____ patatas fritas. (*they eat*)

f   ¿Qué _____ hoy, Fernando? ¿Pescado con verdura? ¡Mmm! (*you have dinner*)

g   Los estudiantes _____ a la una. (*they have lunch*)

h   Por la tarde, yo _____un bocadillo de jamón. (*I have [as] a snack*)

Aa Gramática

 Tú **and** *usted,* *vosotros* **and** *ustedes*

Tú (you) and *vosotros* (you, plural) are commonly used in Spanish. *Usted* (you, polite form) and *ustedes* (you, plural, polite form) are used if the speaker wishes to show more respect, for example when speaking to someone they have just met, or older people.

The *usted* form of any verb is the same as the *él/ella* form (the third-person singular).

(usted) bebe	you drink
(usted) estudia	you study

The *ustedes* form is the same as the *ellos/ellas* form (third-person plural).

(ustedes) desayunan cereales
you (plural) eat cereal for breakfast
(ustedes) hacen atletismo
you (plural) do athletics

'you eat'	
Singular, informal	*tú comes*
Singular, formal	*usted come*
Plural, informal	*vosotros coméis*
Plural, formal	*ustedes comen*

2 **For each sentence (a–f) decide whether the** *tú, usted, vosotros* **or** *ustedes* **form is being used. Discuss with a partner why you think this particular form is appropriate.**

a   Buenos días. ¿Qué beben los señores?

b   Berto, ¿comes verdura o carne?

c   Buenas tardes, presidente. ¿Qué come hoy?

d   Pedro y Pablo, ¿desayunáis un zumo de piña y tostadas?

e   – ¿Qué toma la señorita de postre?
    – Pastel de fresa, por favor.

f   Nacho, ¿bebes limonada o agua mineral?

Gramática

Mucho and poco

Mucho means 'much' or 'a lot'.

comes **mucho**	you eat a lot

Poco means 'little', 'few' or 'not a lot'.

comen muy **poco**	they eat very little

Mucho and *poco* must also agree with any noun they describe.

bebo much**a** leche	I drink a lot of milk
comen poc**a** fruta	they don't eat much fruit
voy a comer much**os** tacos	I am going to eat a lot of tacos

3 **Complete the sentences with the correct form of either *mucho* or *poco*.**

a Mi hermano y yo bebemos _____ refrescos. *(mucho)*

b En esta paella hay _____ gambas. *(poco)*

c Voy a comer _____ pimientos. *(mucho)*

d Es importante comer _____ caramelos y practicar _____ deportes. *(poco)* *(mucho)*

e Mi madre prepara _____ comida para la fiesta. *(mucho)*

f Hay _____ personas en el gimnasio durante las vacaciones. *(poco)*

Gramática

Doler in the present tense

The verb *doler* works in the same way as *gustar* and similar verbs.

doler	to hurt
me duele	it hurts me
te duele	it hurts you (singular)
le duele	it hurts him/her
nos duele	it hurts us
os duele	it hurts you (plural)
les duele	it hurts them

- *me duele la rodilla* — my knee hurts
- *te duele el pie* — your foot hurts

Add an '–*n*' for plural formations.

- *me duelen las rodillas* — my knees hurt
- *nos duelen los pies* — our feet hurt

4 **Read sentences a–f and choose the correct option.**

a ¡Ay! **Me duele/Me duelen** mucho las piernas.

b Mamá, ¿**Me duele/Te duele la cabeza**? –No, me duele el estómago.

c A mi tía Elena siempre **le duelen/le duele** el tobillo derecho.

d Nunca **te duele/me duele** la garganta porque a veces tomo jarabe.

e A Francisco **le duele/te duele** mucho la nariz.

f ¡Hola Rubén! ¿**Te duelen/Te duele** los hombros? –¡Sí, bastante!

Pronunciación: vowel sounds

 Spanish vowel sounds are generally 'shorter' than English vowel sounds.

The letter *o* in Spanish is not as stretched as the English one; it has more of a clipped 'oh' sound. It is important to get this right, particularly with so many Spanish words ending in *o*.

bocadill**o**	mund**o**	poc**o**	típic**o**

5 **Try saying the following:** 'Como poco coco como, poco coco compro.'

El podio de los campeones

1 Read the leaflet and decide if each piece of advice (a–h) is good (✓) or bad (✗).

¿EN QUÉ CONSISTE UNA DIETA SANA?

a   Para producir energía, es ideal comer pasta y patatas.

b   Es recomendable consumir 4 o 5 porciones de fruta o verdura al día.

c   Se debe comer comida rápida todos los días.

d   Nunca se debe beber agua.

e   Es aconsejable beber coca-cola de desayuno.

f   Es importante tomar queso y leche.

g   Se deben comer pasteles cinco veces al día.

h   Es esencial comer fruta y verdura.

2 In your opinion, what makes a healthy diet? Write four pieces of advice using the following expressions:

- Es recomendable…
- Se debe/No se debe…
- Es esencial…
- Es aconsejable…

3 Lee las opiniones de tres jóvenes sobre la comida. Luego lee las declaraciones (a–f) y escribe el nombre de la persona correcta.

Read the opinions of three young people about different foods. Then read the statements (a–f) and choose the correct person for each one.

@Felipe

A mí me encanta el congrí porque es un plato muy sabroso. Además, es ideal para mí porque soy vegetariano. No me gusta nada comer ni carne ni pescado.

@Azahara

La paella es un plato importante en España. Hay versiones diferentes pero, por lo general, los ingredientes son verdura, marisco y carne blanca. Me parece un plato muy sano.

@Penélope

Vivo en Perú y aquí el ceviche es un plato popular, tradicional y muy simple de hacer. Los ingredientes esenciales son pescado, chiles, y zumo de limón o lima.

a   My dish contains no meat or fish.

b   My dish is the easiest to prepare.

c   My dish seems to me to be very healthy.

d   Lemon or lime juice can be used.

e   My dish originates from Spain.

f   It is very tasty.

4 Selecciona un plato de abajo y descríbelo en español. Menciona:

Choose a dish from below and describe it in Spanish. Mention:

- los ingredientes principales
- tu opinión personal.

tortilla española

arepas

empanadas

gazpacho

Oro

5 📖 **Lee el email de Leandro. Luego contesta las preguntas (a–h) en inglés.**

| Mensaje |
| De: leandropm@gmail.es |
| Asunto: Hoy por la tarde |

Hola Ángel,

Gracias por tu mensaje. Desafortunadamente, no voy a salir porque me duele la cabeza y estoy demasiado cansado para ir de compras hoy. Lo siento, amigo.

Voy a ir al médico urgentemente. Creo que necesito unas pastillas. Lo malo es que mi hermana también tiene un virus. Le duele el estómago y está mareada. Tiene que beber mucha agua.

Y tú, ¿qué tal, Ángel? ¿Te duelen mucho las piernas después de hacer atletismo esta mañana? Espero que no.

Leandro

| Lo siento. | I'm sorry. |
| Espero que no. | I hope not. |

a What **two** symptoms does Leandro have?
b What activity won't he be able to do today?
c Where is he urgently going to go?
d What does he need to make him better?
e What **two** symptoms of a virus does Leandro's sister have?
f What should she do to get better?
g What part of Ángel's body might be hurting?
h Why?

6 **Escribe un mensaje a tu amigo/a. Explica:**

- los problemas físicos que tienes
- la(s) actividad(es) que no vas a hacer
- las medicinas que vas a tomar
- los problemas físicos de otra persona de tu familia.

⬆ **¡Arriba, arriba!**
....

Try to use vocabulary from a range of different topics and two or three different tenses, not limited to the 'I' form of the verb.

¡Demuestra lo que sabes!

🎧 Escuchar

1 〰️ Listen to three young people talking about what they eat and complete the table in English.

	Food	How often?	Opinion
Suhaila			
Pío			
Marta			

📖 Leer

2 **Fátima describe su dieta. Completa el texto con las palabras del recuadro.**

En mi opinión, tengo una **1**_____ bastante sana. Normalmente, **2**_____ cereales y como pasta o un **3**_____ de jamón a las doce y media. Después del instituto, meriendo fruta, por ejemplo un **4**_____ o una pera. Por la noche, **5**_____ pescado cuatro **6**_____ a la semana. Desafortunadamente, mañana no voy a comer **7**_____ verdura porque no son **8**_____ sabrosas.

> plátano   ceno   muy   dieta   mucha
> desayuno   bocadillo   veces

💬 Hablar

3 **Juego de rol. Lee el diálogo, y luego practícalo con tu compañero/a, usando las ideas en inglés.**

> Buenos días. ¿Qué te duele?

> *Say your head is hurting.*

> ¿Desde hace cuánto tiempo?

> *Say your head has been hurting for two days.*

> Vale... toma estas pastillas dos veces al día.

> *Say thank you and you are going to drink a lot of water as well.*

✏️ Escribir

4 **Lee el perfil de Nina. ¿Tiene una vida sana? Escribe un párrafo en español. Menciona:**

- sus datos personales
- lo que come y bebe normalmente
- tu opinión sobre lo que come y bebe
- los deportes que hace en su tiempo libre.

Name: Nina Fuentes
Age: 17
Lives in: Cali, Colombia
Eats: lots of fruit, vegetables, arepas, no chocolate or fast food
Drinks: water, orange juice, fizzy drinks
Sports: athletics, horse-riding

Mi lista de logros

I can...

1.1 ¡Qué hambre!

- ☐ name ten or more foods in Spanish
- ☐ talk about what I and others eat and drink
- ☐ say what I have for breakfast, lunch and dinner
- ☐ say how often I eat certain foods
- ☐ compare Spanish mealtimes to my own

- • *las patatas fritas, la carne, el pollo...*
- • *como arroz, mi hermano come fruta*
- • *desayuno cereales, ceno salchichas*
- • *a veces como verdura, nunca como tostadas*
- • *en España comen a las nueve o a las diez*

1.2 ¡Ñam, ñam!

- ☐ name some traditional Spanish and Latin American dishes
- ☐ give a range of opinions on different foods and drinks
- ☐ use three negative expressions
- ☐ name at least six adjectives to describe foods

- • *paella, tacos, ceviche...*
- • *adoro, me apetece, me da asco...*
- • *ni... ni, nunca, nada*
- • *salado, delicioso, dulce, picante...*

1.3 ¡Una de bravas, por favor!

- ☐ order food in a Spanish restaurant
- ☐ name a range of Spanish tapas dishes
- ☐ understand a Spanish menu
- ☐ understand and use the *tú* and *usted* forms

- • *¡Camarero! ¡gambas al ajillo, por favor!*
- • *tortilla española, patatas bravas, pulpo...*
- • *primer plato, segundo plato, postre*
- • *¿qué va a tomar?*

1.4 Mi dieta sana

- ☐ describe a healthy diet in Spanish
- ☐ give advice about diet to others
- ☐ use *mucho* and *poco* accurately in sentences
- ☐ use new adjectives to describe foods

- • *Este grupo contiene...*
- • *es recomendable, es aconsejable, se debe...*
- • *muchos nutrientes, pocas galletas...*
- • *sano, grasiento, nutritivo...*

1.5 ¡Ay, qué dolor!

- ☐ name at least 10 body parts
- ☐ use the verb *doler* correctly
- ☐ say for how long they have been hurting

- • *la cabeza, la nariz, el brazo, la pierna...*
- • *me duele el pie, me duelen los pies*
- • *me duele la mano desde hace dos días*

1.6 ¡Ponte esta crema!

- ☐ describe symptoms and illnesses
- ☐ say that I don't feel well
- ☐ understand a range of treatments and medicines
- ☐ use some expressions in the imperative form
- ☐ understand how to perform a role play effectively

- • *tengo tos, estoy cansado...*
- • *estoy mal, no me siento bien...*
- • *jarabe, pastillas, crema*
- • *bebe, toma, come, pon(te)*
- • expression, intonation, clear simple language

Vocabulario

1.1 ¡Qué hambre!
I'm so hungry!

almorzar	to have lunch
beber	to drink
cenar	to have dinner
comer	to eat
desayunar	to have breakfast
merendar	to snack (afternoon)
tomar	to have/take

la cena	dinner
la comida	lunch (also food)
el desayuno	breakfast
la merienda	(afternoon) snack

el agua	water
la bebida	drink
la leche	milk
el zumo	juice
el zumo de piña	pineapple juice

la cantina	canteen
la comida	food
vegetariano/a	vegetarian

el arroz	rice
la carne	meat
la ensalada	salad
la fruta	fruit
el marisco	seafood
las patatas fritas	chips
el pescado	fish
el pollo	chicken
el queso	cheese
las salchichas	sausages
el salmón	salmon
la sopa	soup
el tomate	tomato
las tostadas	toast
la verdura	vegetables
el yogur	yoghurt

1.2 ¡Ñam, ñam!
Yum yum!

mi plato favorito	my favourite dish

la cebolla	onion
el champiñón	mushroom
los guisantes	peas
el pimiento	pepper
el plátano	banana
el refresco	fizzy drink

amargo/a	bitter
asqueroso/a	disgusting
delicioso/a	delicious
dulce	sweet
insípido/a	bland/tasteless
picante	spicy
sabroso/a	tasty
salado/a	salty
tradicional	traditional

contener	to contain
el ingrediente	ingredient

1.3 ¡Una de bravas, por favor!
One bravas, please!

¿qué desea?	what would you like?
¿qué va a tomar?	what are you going to have?

el primer/segundo plato	first/second course
el postre	dessert

alérgico/a	allergic
el apetito	appetite
el/la camarero/a	waiter
la cuenta	bill
el menú	menu
servir	to serve
el/la vegano/a	vegan

fresco/a	fresh

1.4 Mi dieta sana
My healthy diet

la energía	energy
la grasa	fat
el mineral	mineral
el nutriente	nutrient
la porción	portion
la proteína	protein

diario/a	daily
grasiento/a	fatty
lácteo/a	dairy
nutritivo/a	nutritious
poco sano/a	unhealthy
saludable	healthy
sano/a	healthy

el aceite	oil
el caramelo	sweet
la comida rápida	fast food
derivado/a de	derived from
la dieta	diet
las fajitas	fajitas
la hamburguesa	hamburger
el helado	ice cream
el huevo	egg
la manzana	apple
el pan	bread
las sardinas	sardines

aconsejable	advisable
esencial	essential
ideal	ideal
importante	important
recomendable	recommended
variado/a	varied

1.5 ¡Ay, qué dolor!
Ouch! That's sore!

me duele...	my... hurts

el brazo	arm
la cabeza	head
el codo	elbow
el cuello	neck

el dedo	finger
el dedo del pie	toe
la espalda	back
el estómago	stomach
el hombro	shoulder
la mano	hand
la nariz	nose
el pie	foot
la pierna	leg
la rodilla	knee
los oídos	ears
los ojos	eyes
el tobillo	ankle

1.6 ¡Ponte esta crema!
Put this cream on!

tengo...	I have...

un brazo roto	a broken arm
gripe	flu
una picadura	a bite
una pierna rota	a broken leg
una quemadura de sol	sunburn
tos	a cough
vómitos	sickness (vomiting)

estoy...	I am...

cansado/a	tired
mal	ill
mareado/a	dizzy

la crema	cream
el jarabe	cough syrup
la leche con miel	milk with honey
las medicinas	medicines
las pastillas	tablets, pills

la tirita	plaster
el zumo de limón	lemon juice

> You'll find more useful vocabulary on pages 6–7 and in the glossary at the back of this book.

¡Allá voy!

Objectives
- Talking about transport and holiday travel
- Using *ir* with prepositions
- Answering questions in Spanish

📖 Leer

1 Empareja las frases (1–8) con los dibujos (a–h).

1 Normalmente vamos **en tren**.
2 Siempre voy **en avión**.
3 Prefiero ir **en autocar**.
4 ¿Vas **en bicicleta**?
5 Van **en coche**.
6 Me encanta ir **en barco**.
7 A veces vais **en motocicleta**.
8 De vez en cuando vamos a **pie**.

⇕ Traducir

2 Translate sentences 1–8 from activity 1 into English.

💬 Hablar

3 Mira esta lista de países (*countries*) y habla con un(a) compañero/a. ¿Cómo se dicen en inglés?

Inglaterra   **Escocia**
IRLANDA   **Gales**
Turquía   **Alemania**
Francia   **Grecia**
Italia   **Estados Unidos**

🎧 Escuchar

4 〜 Escucha y repite la pronunciación de estos países.

⬛ Patrones y reglas

Many countries are spelt the same or similarly in English and Spanish. However, be careful with your pronunciation – even if a country looks familiar, it is likely to sound very different! Argentina is one example.

❗ ¡Atención!

The verb *ir* (to go) is irregular in the present tense:

voy	I go
vas	you (singular) go
va	he/she/it goes
vamos	we go
vais	you (plural) go
van	they go

🎧 Escuchar

5 〰️ Escucha a los jóvenes (a–f) y completa la tabla. Anota también alguna información extra.

	¿Adónde va?	¿Cómo va?	Información extra
Ejemplo **a**	Italia	en tren	con mi hermana
b			

Aa Gramática

p.44; WB p.20

_Ir_ with prepositions

_Ir_ can be used with various prepositions.

Voy de vacaciones…	I go on holiday…
a Cuba	**to** Cuba
con mi familia	**with** my family
en coche	**by** car
en avión	**by** plane
voy **a** pie	I go **on** foot

💬 Hablar

6 Prepara un diálogo con tu compañero/a con la información (1–5) de abajo.

Ejemplo: **1**
¿Adónde vas de vacaciones? –Voy a **Turquía***.*

¿Cómo vas? –Voy en **avión***.*

¿Con quién vas? –Voy con mi **familia***.*

1   Turquía – avión – familia
2   Egipto – barco – madre
3   Gales – autocar – amigo
4   Grecia – avión – clase
5   Francia – tren – primos

📖 Leer

7 Lee los planes de Esteban y Casilda. Luego contesta las preguntas en español.

Esteban

Mi madre y yo vamos de vacaciones a Lisboa, la capital de Portugal, para hacer una escapada a la ciudad. Vamos en coche desde Madrid. Me gusta Lisboa porque hace mucho sol.

Casilda

Cuando estoy de vacaciones casi siempre voy a Tenerife para pasar unas vacaciones en la playa, porque hace calor y es bonito. Voy en avión directo desde Barcelona con mi padre y con mi hermana.

a   ¿**Cómo** va a Lisboa Esteban?
b   ¿**Por qué** le gusta Lisboa?
c   ¿**Adónde** va de vacaciones Casilda?
d   ¿**Con quién** va de vacaciones Casilda?

⚙️ Estrategia

Answering questions in Spanish

Activities that ask for answers in Spanish are sometimes easier than you might think. You often only need to give short answers and it is possible to 'lift' words from the text. Look for the key words in each question and see how they relate to the text.

✏️ Escribir

8 Escribe un párrafo en español acerca de las vacaciones. Menciona:

• qué tipo de vacación es (un viaje cultural, etc.)

• cómo vas y con quién

• qué tiempo hace

• tu opinión.

Tengo mucho que hacer

Objectives

- Describing holiday activities
- Using the verb *soler*
- Improving knowledge of Hispanic culture

🎧 Escuchar

1 〰️ Escucha a la Princesa Eloísa y al Caballero Gastón. Mira los dibujos y escribe las letras de las actividades que menciona cada uno.

a tomar el sol

b pasear por la playa

c nadar en el mar

d comer en restaurantes

e jugar al vóley-playa

f visitar los monumentos

g ir de compras

h sacar fotos

📖 Leer

2 Read about Elena's holiday. How many activities does she mention? List them in English.

Cuando voy de vacaciones a Puerto Rico, hago muchas actividades: primero, me encanta tomar el sol en la playa con mi primo Eloy. Me gusta mucho visitar el Parque Nacional de El Yunque porque tiene una vegetación tropical maravillosa. También me chifla comer en restaurantes típicos: mi comida favorita es el 'mofongo'... ¡es delicioso! Me gusta bastante ir de compras y nadar en el mar, pero mi actividad favorita es sacar fotos de los monumentos de la capital, San Juan.

> **i ¡Cultura!**
>
> Puerto Rico is a territory of the United States located in the Caribbean Sea. It is home to over three million people. What do you think its name means?

✏️ Escribir

3 Investigación. Escribe en español al menos cinco afirmaciones (*at least five facts*) acerca de <u>una</u> de las siguientes cosas relacionadas con Puerto Rico:

`ubicación`   `población`   `ciudades`

`deportes`   `clima`   `idiomas`

💬 Hablar

4 Presenta a la clase tu investigación de la actividad 3.

⚙ Estrategia

Improving your knowledge of Hispanic culture

Use the Internet to read more about Latin American countries, their history and culture. Online encyclopaedias can also be read in Spanish.

📖 Leer

5 Completa el texto con las palabras correctas de abajo.

Las vacaciones en Ibiza

¡Me encanta ir **1**_____ vacaciones a Ibiza! Mi familia y yo solemos ir todos los veranos en **2**_____. Solemos alojarnos en un **3**_____ de cuatro estrellas que se llama Tropicana Ibiza. Mi hermana Salomé **4**_____ visitar la ciudad antigua de Eivissa pero yo suelo pasear por la playa de Ses Figueretes porque tiene arena blanca y es muy **5**_____.

Mis abuelos prefieren alojarse en un apartamento y **6**_____ comer paella de marisco en los restaurantes **7**_____ del puerto. También me gusta mucho **8**_____ fotos de la antigua catedral.

estrellas stars

agosto　bonita　de

típicos　hotel　suele　sacar　suelen

🎧 Escuchar

6 〰 Listen to five students talking about their holidays. Complete the table with the correct information.

	Activities (x2)	Who does it?
Example a	sunbathing on the beach	me
	swimming in the sea	my sister

Aa Gramática

p.44; WB p.21

Soler

The verb *soler* is used to describe what you or others usually do. Choose the appropriate form in the present tense and follow it with an infinitive (e.g. *comprar*).

suelo	I usually	
sueles	you (sing.) usually	
suele	he/she/it usually	+ infinitive
solemos	we usually	
soléis	you (plural) usually	
suelen	they usually	

- *Suelo ir de vacaciones a Tenerife.*
  I usually go to Tenerife on holiday.

- *Solemos nadar en el mar.*
  We usually swim in the sea.

↕ Traducir

7 Traduce este párrafo al español. Usa el texto de la actividad 5 para ayudarte.

I like to go on holiday to Malaga. I usually go in July with my family. We visit the city centre because it is old and pretty. We usually take a stroll on the beach and my sister sunbathes, but I prefer to swim in the sea.

¡Esto es la pera!

Objectives

- Extending holiday descriptions
- Using common expressions and slang
- Listening for unfamiliar language

🎧 Escuchar

1 〰 **Escucha a estos jóvenes usar expresiones informales para describir sus vacaciones. ¡Practica las expresiones con tu compañero/a!**

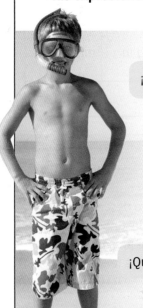

> ¡Es la pera! – *It's incredible!*

> ¡Mola mucho! – *It's out of this world!*

> ¡Es flipante! – *It's amazing!*

> ¡Es un rollo! – *It's a pain!*

> ¡Es muy guay! – *It's very cool!*

> ¡Qué aburrimiento! – *What a bore!*

> ¡Qué fastidio! – *How annoying!*

> ¡Qué chulo! – *How awesome!*

Aa Gramática

Common expressions and slang

You have already come across the structure *¡qué..!* with adjective or noun:

¡Qué aburrimiento!	How annoying!
¡Qué chulo!	How awesome!

Some of the expressions in activity 1 can also be used in a way similar to verbs like *gustar:*

me mola	I love it
me aburre	it bores me

Add an '*-n*' to these verbs if followed by a plural noun:

*me mola*n	I love them
*me aburre*n	they bore me

🎧 Escuchar

2 〰 **Escucha otra vez y haz una lista con todas las actividades que se mencionan.**

📖 Leer

3 **Lee las situaciones (a–e) y escoge una expresión apropiada de la actividad 1 para describirlas.**

*Ejemplo: **a** ¡Qué chulo!*

a ¿Hoy es tu cumpleaños?
b Tengo muchos deberes de matemáticas.
c ¡La casa de mis padres tiene una piscina enorme!
d Tengo que pasar la aspiradora, poner la mesa y planchar la ropa.
e En Cuba me alojo en un hotel moderno de cinco estrellas.

✏️ Escribir

4 **Escribe tres frases usando tres expresiones de la actividad 1.**

*Ejemplo: **1** Voy de vacaciones a Cancún en abril. ¡Qué chulo!*

💬 Hablar

5 **Read the sentences you wrote for activity 4 out loud to your partner, without saying the slang expression. Can your partner guess which expressions you used?**

🎧 Escuchar

6 〰️ Escucha a los jóvenes (1–3) hablar sobre las actividades que hacen durante las vacaciones. Para cada joven, escribe las <u>dos</u> letras correctas (a–f).

a   Hacer senderismo en el valle es estimulante.
b   Recoger conchas en los charcos es peligroso.
c   ¡Montar en globo es una aventura!
d   Hacer un picnic en la playa es relajante.
e   Visitar el museo arqueológico es educativo.
f   Montar en moto acuática es arriesgado.

7 〰️ Escucha otra vez y escribe estas expresiones (a–c) en español.

a   my mum does not allow me (*mi madre...*)
b   it is both relaxing and fun (*es relajante y...*)
c   every year we go on holiday (*todos los años...*)

⚙️ Estrategia

Listening for unfamiliar language

• Focus on the words you already know.

• Remember spelling and pronunciation rules; e.g. a 'b' sound may in fact be a letter 'v'.

• Note down any new words and re-use them.

📖 Leer

8 〰️ Lee el poema sobre las olas (*waves*) y complétalo con las palabras de abajo.

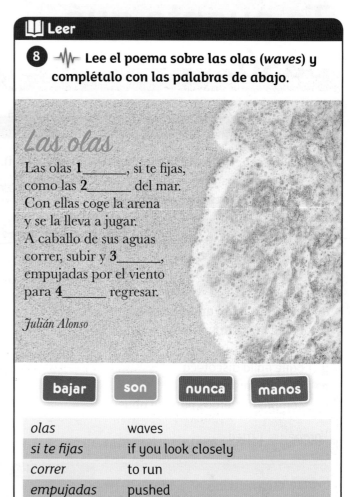

Las olas

Las olas **1**_____, si te fijas,
como las **2**_____ del mar.
Con ellas coge la arena
y se la lleva a jugar.
A caballo de sus aguas
correr, subir y **3**_____,
empujadas por el viento
para **4**_____ regresar.

Julián Alonso

bajar   son   nunca   manos

olas	waves
si te fijas	if you look closely
correr	to run
empujadas	pushed

✏️ Escribir

9 Escribe seis frases sobre unas vacaciones. Usa los verbos que aparecen abajo y añade detalles interesantes. Puedes usar un diccionario si es necesario.

voy a...   compro...   visito...   hago...

saco fotos de...   como/bebo...

⬆️ ¡Arriba, arriba!

Try to include ambitious vocabulary: a local dish, a monument or geographical feature. If your writing is authentic and unique, it will really stand out.

Te cuento qué pasó...

Objectives

- Describing a past holiday
- Forming the preterite tense (regular verbs)
- Narrating events

🎧 Escuchar

1 〰 **Escucha lo que hicieron estos jóvenes (a–i). Identifica los errores en las frases. Después, escribe las frases correctas.**

Ejemplo: **a** *nadé en la piscina el mar*

a nadé en la piscina
b jugué al bádminton
c hice ciclismo
d me alojé en un apartamento
e probé la gastronomía regional
f saqué selfis
g bailé en la discoteca
h salí con mis amigos
i compré recuerdos para mi abuela

probé I tried

Aa Gramática

p.45; WB p.22

The preterite tense (regular verbs)

This past tense is used to describe actions completed at a fixed point in time or during a specific period. To form it, remove the –ar, –er or –ir of the infinitive and add these endings:

	–ar	–er/–ir
yo	–é	–í
tú	–aste	–iste
él/ella	–ó	–ió
nosotros/as	–amos	–imos
vosotros/as	–asteis	–isteis
ellos/as	–aron	–ieron

visit**ar** → visit**é** (I visited)
jug**ar** → jug**aron** (they played)
beb**er** → beb**iste** (you drank)
sal**ir** → sal**isteis** (you went out)

📖 Leer

2 **Lee sobre las vacaciones de Sira. Completa el texto con las palabras apropiadas.**

En mayo, **1** _____ Bilbao. Mis primas Sara y Gema **2** _____ en la piscina del hotel. Mi tío Juan **3** _____ selfis en la playa y **4** _____ en la discoteca por la noche. Yo no **5** _____ recuerdos, pero **6** _____ platos locales todos los días. Mi hermano mayor **7** _____ con sus amigos por el centro de la ciudad y **8** _____ al tenis en el jardín del hotel. Mi padre **9** _____ la comida típica y **10** _____ zumo de frutas tropicales.

nadaron · salió · sacó · comí · jugó · comió · compré · bebió · visité · bailó

⬦ Traducir

3 **Translate the text from activity 2 into English.**

◖ Patrones y reglas

The verb *ir* (to go) is irregular in the preterite tense:

yo	fui	I went
tú	fuiste	you went
él/ella	fue	he/she/it went

Fui a Madrid en tren.
I went to Madrid by train.

Fuiste de compras con Luisa.
You went shopping with Luisa.

🎧 Escuchar

4 〰️ **Escucha a Josué hablar sobre sus vacaciones y ordena la información (a–f) en orden cronológico.**

a Nadé en el mar y visité el museo de arte balear. Después, mi hermana y yo recogimos conchas en la playa.

b Vimos un partido de fútbol muy emocionante.

c El verano pasado fui a Mahón, una ciudad al este de la isla de Menorca, en España.

d ¡La gastronomía es excelente! Comí queso de Mahón y probé la coca, un dulce tradicional.

e El camping tiene piscina, pista de tenis y barbacoa.

f Me alojé en un camping con mi padre y mi hermana.

📖 Leer

5 **Read the sentences in activity 4 again and answer the questions in English.**

a When did Josué go on holiday to Mahon?

b Where exactly is Mahon located on the island of Menorca?

c What activity did Josué do with his sister?

d Name **three** facilities at the campsite.

e How does Josué describe the football match?

💬 Hablar

6 **Con un(a) compañero/a, contesta las preguntas en español.**

a ¿Adónde fuiste de vacaciones? –*Fui a…*

b ¿Cuándo fuiste? –*Fui…*

c ¿Con quién fuiste? –*Fui con…*

d ¿Dónde te alojaste? –*Me alojé en…*

e ¿Qué hiciste? –*Visité…, hice…, nadé…, compré…*

f ¿Qué comiste y bebiste? –*Comí…, bebí…*

⬆️ ¡Arriba, arriba!

Use the following expressions to enhance your account of a past holiday.

el año pasado	last year
el mes pasado	last month
el verano pasado	last summer
en mis últimas vacaciones	on my last holiday

✏️ Escribir

7 **Escribe un párrafo sobre tus vacaciones más recientes. Usa tus respuestas de la actividad 6 y la descripción de la actividad 4 para ayudarte.**

Ejemplo: *El verano pasado fui a Portugal. Fui con mi familia y me alojé en un hotel pequeño. Además, visité…*

⚙️ Estrategia

Narrating events

Telling a story in Spanish is a useful skill. As well as using past tenses, you must also have a clear structure and sequence of events. Check your tenses carefully and use sequencing adverbs such as *primero, después* and *finalmente*.

Mi aventura amazónica

Objectives

- Making complex travel descriptions
- Forming the preterite tense (irregular verbs)
- Writing in different tenses

📖 Leer

1 Maitane visitó la región del Amazonas en Perú. Lee el texto y empareja las frases (1–6) con la foto correcta (a–f).

Primero, **(1)** hice una visita guiada por la selva tropical, luego **(2)** observé las plantas exóticas y **(3)** vi animales fantásticos como el mono capuchino. Además, **(4)** fui en barco por el río Amazonas, que es el río más largo del mundo. **(5)** Me alojé en un hostal en la ciudad de Bagua Grande en Perú... **(6)** ¡fue peligroso porque en Bagua Grande hay ranas venenosas!

selva tropical	tropical rainforest
ranas venenosas	poisonous frogs

2 Read the text again and decide if each of the following statements (a–e) is true (T), false (F) or not mentioned (NM).

a Maitane went on a guided tour.
b The tropical rainforest in Peru is being destroyed.
c The Amazon river is the longest in the world.
d Bagua Grande is the name of a Peruvian village.
e There are dangerous creatures in Bagua Grande.

ℹ️ ¡Cultura!

The Amazon rainforest covers nearly 60% of Peru. Amazonas is a region of Northern Peru characterised by rainforest and mountain ranges. It takes 3–4 days to travel by river from Bagua to Iquitos, the largest city of the Peruvian Amazon, which can only be reached by river or air.

Aa Gramática

p.45; WB p.23

The preterite tense (irregular verbs)

There are many key verbs which are irregular in the preterite tense, such as *tener*, *ir*, *ser* and *hacer*. Refer to page 148 for some examples. Note also that *ir* (to go) and *ser* (to be) are the same in the preterite tense.

fui	I went	I was
fuiste	you (singular) went	you were
fue	he/she/it went	he/she/it was
fuimos	we went	we were
fuisteis	you (plural) went	you were
fueron	they went	they were

🎧 Escuchar

3 〰 **Maitane's brother also went to Amazonas. Listen and complete sentences a–g in English.**

a I visited the Amazon rainforest alone because...

b I stayed in a hotel which had...

c In the hotel, I decided to...

d Climbing the mountains was, in my opinion...

e I saw a family of capybaras located...

f Capybaras are similar to guinea pigs, but...

g Unfortunately in the Amazonas area, there is...

4 〰 **Escucha a Maitane hablar sobre su aventura en el Amazonas. Luego escribe el día correcto para cada frase: lunes, martes, miércoles, jueves o viernes.**

a Mi amiga y yo bailamos mucho.

b Hizo un poco de frío por la noche.

c Compré un recuerdo para mi tío.

d Vimos muchas plantas diferentes.

e Ver los delfines fue fenomenal.

f Volví a Vitoria en avión.

g Leí un libro en el hostal.

◆ Traducir

5 **Traduce al español estas frases (a–d).**

a First, I went to Peru. It was fantastic!

b Then I stayed in a hotel in Colombia.

c Later on, it was stormy and hot.

d Finally, my friends swam in the river.

primero	luego	más adelante	finalmente

C️ Patrones y reglas

Many of the verbs you need to use to describe the weather are irregular. What do you think these phrases mean in English?

llovió	*nevó*	*hizo sol*
hizo viento	*hubo tormenta*	*hizo calor*

✏️ Escribir

6 **Mira la imagen, y luego contesta las preguntas en español.**

• ¿Qué hay en la foto?

• En tu opinión, ¿dónde viven?

• ¿Qué actividades te gustaría hacer en Latinoamérica? ¿Por qué?

en primer plano	in the foreground
en segundo plano	in the background
los árboles	trees
el bebé	baby
el fango	mud
la selva tropical	tropical rainforest
la tribu	tribe

💬 Hablar

7 **Con un(a) compañero/a preguntad y responded las preguntas de la actividad 6.**

⚙️ Estrategia

Writing in different tenses

It is important to show that you can use a range of tenses in your writing. By continually using different tenses, you will find it easier to remember them and improve your fluency.

¡El verano que viene vamos a flipar!

Objectives

- Describing future holiday plans
- Revisiting the near future
- Preparing for a written exam

📖 Leer

1 Empareja los planes futuros (1–8) con los dibujos (a–h).

El año que viene voy a...

1. ir a Madrid en avión con un billete de primera clase
2. planear mis vacaciones en Internet
3. alojarme en un hotel de cinco estrellas
4. hacer un crucero por el mar Mediterráneo
5. pescar en el río Guadalquivir en Sevilla
6. dar de comer a las llamas en Argentina
7. dormir mucho y no hacer nada
8. trabajar de voluntaria en un comedor social

🔤 Patrones y reglas

The expression *que viene* means 'next' when placed after a time phrase.

el año que viene	next year
el verano que viene	next summer
la semana que viene	next week
el martes que viene	next Tuesday

Aa Gramática

Revisiting the near future

Remember that a simple way of describing future actions is to use the verb *ir* ('to go') in the present tense with the preposition *a* and an infinitive.

voy	
vas	
va	*a* + infinitive
vamos	
vais	
van	

- *Vas a comprar recuerdos.*
  You are going to buy souvenirs.

- *Vamos a viajar en avión.*
  We are going to travel by plane.

📖 Leer

2 Lee sobre los planes de la família Ramírez.
Busca las expresiones (a–d) en el texto.

Juana, la madre, va a trabajar de voluntaria en un comedor social en Los Ángeles, para ayudar a las personas sin techo.

Hernán, el padre, va a ir a Medellín en avión, con wi-fi y desayuno incluido... ¡qué guay!

Lara y Sonia, las hermanas gemelas, van a dar de comer a las llamas y a los caballos en una reserva natural cerca de Buenos Aires.

Los abuelos no suelen ir de vacaciones, pero van a ir a California la semana que viene.

a   homeless people
b   breakfast included
c   twins
d   they don't usually go

3 Re-read the texts and for each statement (a–d), write the correct family member(s).

a   We are going to the USA next week!
b   My plane journey will be cool!
c   I am keen to help others.
d   We love being close to animals.

⚙ Estrategia

Preparing for a written exam

- Try to learn some impressive expressions by heart, and use those that fit the question.
- Make sure you are confident using lots of verbs, at least in the 'I' form.
- Use language you are familiar with: a test is not the best time to experiment!

💬 Hablar

4 Juego de rol. Lee el diálogo. Luego, con tu compañero/a, cambia las palabras subrayadas (*underlined words*) por tu propia información.

¿Adónde vas a ir de vacaciones?	Voy a ir a _Barcelona_.
¿Cuánto tiempo vas a pasar allí?	Voy a pasar _dos semanas_ allí.
¿Qué actividades vas a hacer?	Voy a _tomar el sol y a dormir mucho_.
¿Qué vas a comer?	Voy a comer _patatas bravas_.

🎧 Escuchar

5 〰 Escucha a Carolina y corrige los errores del texto. ¡Hay seis en total!

¡Voy a ir de vacaciones el año que viene! Primero, voy a sacar selfis en el centro. Después, mis madres y yo vamos a subir a una de las montañas más peligrosas de España. Más adelante vamos a hacer un crucero por el mar Mediterráneo y vamos a visitar las ciudades de Barcelona y Roma. Vamos a alojarnos en un hotel de cinco estrellas. Finalmente, voy a ir de compras a centros comerciales. ¡Mola mucho!

✏ Escribir

6 ¿Adónde vas de vacaciones el año que viene? Escribe un párrafo en español usando estas expresiones:

me gustaría	I would like
voy a	I am going to
más adelante	later
¡qué...!	how...!

¡Zona cultura!
Guatemala: ¡Expedición increíble!

Eloy

¡Hola a todos! Soy Eloy. El verano pasado fui a Guatemala, en América Central, con mis padres y mi hermana Davinia... ¡fue increíble!

Fuimos a Guatemala en avión.

En Guatemala, me alojé en un hotel de la capital, que se llama Ciudad de Guatemala. ¡Está a mil quinientos metros de altitud! ¡Madre mía! Es una ciudad interesante y el clima es muy bueno, aunque a veces hay tormentas tropicales.

La primera excursión fue a la ciudad maya de Tikal... ¡qué guay! ¡Fue la pera! El templo central es similar a una pirámide. Se llama Gran Jaguar. Vi muchos pájaros, como tucanes y guacamayos, que son unos pájaros grandes de muchos colores. En Tikal hizo sol y calor, y en un restaurante tomé un helado de fresa.

📖 Leer

1 **Lee sobre el viaje de Eloy y decide si las frases (a–g) son verdaderas (V), falsas (F) o no mencionadas (NM).**

a El hermano de Eloy se llama Davinia.

b Eloy viajó a Guatemala en avión.

c La capital de Guatemala es bastante pequeña.

d Siempre hace buen tiempo en Guatemala.

e Tikal es una ciudad histórica.

f Los pájaros en Tikal son muy coloridos.

g En el restaurante, Eloy tomó postre.

🎧 Escuchar

2 〰️ **Listen to the second part of Eloy's account of his trip to Guatemala and answer questions a–h in English.**

a Which ocean is Monterrico near?

b What two activities did Davinia do?

c What did Eloy think about the turtle reserve?

d What did he do after visiting the reserve?

e When did Eloy visit Lake Atitlán?

f What did Davinia do instead?

g Through where did Eloy take a guided tour?

h What did Eloy do in the old Spanish colonial houses?

⇳ Traducir

3 **Read the text about the Maya civilisation, then translate the first paragraph into English (from _La civilización_).**

La civilización Maya es fascinante y tiene una historia de más de 3000 años. En el pasado, jugaban a un deporte similar al baloncesto que se llamaba Pok-A-Tok. Además, en su cultura, la lluvia y el sol son muy importantes y se consideran dioses. Por ejemplo, el dios de la lluvia se llama Chac.

Esta cultura se situó donde hoy están México y América Central. Además, esta civilización desarrolló mucho…

- la escritura y las matemáticas
- el calendario
- la agricultura
- y la relación con los perros domésticos.

dioses	gods
desarrolló	developed

✏️ Escribir

4 **Diseña un folleto turístico sobre Guatemala. ¡Puedes añadir fotos! Menciona:**

- la ubicación
- la historia maya
- lo que hay para los turistas
- una opinión positiva.

💬 Hablar

5 **Haz una presentación oral sobre Guatemala. Explica a tus compañeros/as por qué es importante visitar Guatemala.**

Labo-lengua

Aa Gramática

🖥 *Ir* with prepositions

The verb *ir* (to go) is a common verb to use when talking about holidays. The prepositions *a* (to), *en* (by) and *con* (with) are used regularly in constructions with *ir*. It is important that you use them correctly.

Voy de vacaciones...	I go on holiday...
a Tenerife	**to** Tenerife
con mi hermano	**with** my brother
en avión	**by** plane
but	
*voy **a** pie*	I go **on** foot

1 Complete sentences a–h with *a, en, de* or *con*.

a Normalmente voy ___*de*___ vacaciones _____ Chile _____ mis padres.

b Mi tía Juana siempre va _____ coche _____ Barcelona.

c Nosotros a veces vamos _____ la playa _____ pie.

d Nunca voy _____ autocar porque es caro.

e Mis primas Susana y María van _____ avión _____ mi abuela.

f En verano, mis padres van _____ la costa _____ ferry.

g Ir _____ pie _____ la costa no es muy rápido, pero es relajante.

h El año que viene voy _____ vacaciones _____ avión.

2 Write sentences a–d in the correct order. There is more than one possible answer for each!

a Francia coche a voy en

b pie con a a mi amigo voy la ciudad

c ir avión no me gusta en

d voy en pie y el lunes que viene a autobús

Aa Gramática

🖥 *Soler* with infinitive constructions

The verb *soler* is used to describe what you or others usually do. It is formed by choosing the appropriate form of the verb in the present tense and following it with an infinitive.

suelo	I usually...	
sueles	you (singular) usually...	
suele	he/she/it usually...	+ infinitive
solemos	we usually...	
soléis	you (plural) usually...	
suelen	they usually...	

This verb is a very effective way to avoid overusing *normalmente*.

- **Normalmente** tomamos el sol en la costa.
  We normally sunbathe at the coast.

- **Solemos tomar** el sol en la costa.
  We usually sunbathe at the coast.

3 Change the verbs in brackets for a construction with *soler* + infinitive.

Example: a Suelo nadar en el mar en Valencia.

a _____ en el mar en Valencia. *(Nado)*

b Mis amigos _____ fotos de los monumentos en Madrid. *(sacan)*

c ¿_____ al voleibol en la playa o en el campo? *(Jugáis)*

d Mi abuela Pascuala _____ los museos de arte moderno en Buenos Aires. *(visita)*

e Nosotros _____ de compras. *(vamos)*

f ¿Vosotras _____ por la playa los domingos? *(paseáis)*

Aa Gramática

The preterite tense (regular verbs)

This tense is used to describe actions completed at a fixed point in time or during a specific period. To form it, remove the –ar, –er or –ir of the infinitive and add the following endings.

	–ar	–er/–ir
yo	–é	–í
tú	–aste	–iste
él/ella	–ó	–ió
nosotros/as	–amos	–imos
vosotros/as	–asteis	–isteis
ellos/as	–aron	–ieron

hablar →hablé (I spoke)

comer → comiste (you ate)

escribir → escribió (he/she wrote)

4 **Read sentences a–f, then choose the correct option.**

a Pablo **nadó/nadaste** en el mar durante veinte minutos.

b El verano pasado yo **salió/salí** con mis amigos en Madrid.

c Mis padres se **alojamos/alojaron** en un hotel pequeño y limpio.

d ¿Tú **sacaste/sacó** fotos de las vacaciones en México?

e Mariona no **probé/probó** la gastronomía típica de Guatemala.

f ¿Vosotros **bailaron/bailasteis** en la discoteca el año pasado?

Aa Gramática

The preterite tense (irregular verbs)

Ir (to go) is a highly irregular verb in the preterite tense. It is very useful for narrating events. It should be learnt from memory and used lots in your speaking and writing.

Note that it is identical to the verb ser (to be) in the preterite tense.

fui	I went	I was
fuiste	you (singular) went	you were
fue	he/she/it went	he/she/it was
fuimos	we went	we were
fuisteis	you (plural) went	you were
fueron	they went	they were

- Mi primo fue a la fiesta.
  My cousin went to the party.

- Mi primo fue feliz en Argentina.
  My cousin was happy in Argentina.

5 **Unscramble the words in bold. Then reorder the words so that the sentences (a–g) make sense.**

Example: **a** La semana pasada **fuiste** a España.

a **stefui** España a La semana pasada

b vacaciones a Atenas El año pasado **fuiosm** de

c mi primo El mes pasado mis abuelos **ufe** a la costa con

d Mis a Casablanca padres **fuenro** en avión

e a Estados Unidos En el pasado vosotros **steifuis** de vacaciones

f ¿a Mallorca **tesfui** con María Cuándo?

g con España en agosto **uiF** a mi primo

Pronunciación: qu

The Spanish 'qu' is not at all like an English 'qu'; instead, it sounds more like the English letter 'k', though a lot shorter.

| ¿**qu**é tal? | por**qu**e | **qu**eso | ¡**qu**é chulo! |

6 **Try saying the following:**
'Poquito a poquito Paquito empaca poquitas copitas en pocos paquetes.'

El podio de los campeones

1 📖 **Complete Enrique's message with the missing prepositions:** *a, en, de* **or** *con.* **You can use each preposition more than once.**

Este verano voy **1**_____ vacaciones **2**_____ Valencia. ¡Es una ciudad impresionante! Voy **3**_____ tren porque **4**_____ España hay trenes muy rápidos y limpios. Voy **5**_____ mi familia y mi amigo Diego.

El verano que viene, voy a ir **6**_____ Latinoamérica por primera vez. Voy a ir **7**_____ avión **8**_____ mi hermano.

2 📖 **Read the text in activity 1 again and complete the table with the correct information in English.**

	Where?	How?	Who with?
This summer			
Next summer			

3 ✏️ **You have made some exciting holiday plans. Write a paragraph containing all the details from the box below. Use the paragraph in activity 1 to help you.**

This year:
- going to Bilbao
- by boat
- with parents
- Bilbao is big and modern.

Next year:
- going to go to Costa Rica
- by plane
- with school
- It is going to be incredible!

4 📖 **Lee el mensaje de Arturo sobre las vacaciones, luego lee el resumen en inglés. Completa las frases en inglés.**

Read Arturo's message about holidays, then read the notes (a–f). Complete the sentences in English.

Cuando estoy de vacaciones, prefiero estar al aire libre. Me chifla nadar en el mar, jugar al tenis y observar la naturaleza. Pero este año voy a hacer un crucero por el mar Mediterráneo. Voy a visitar Barcelona y Palma de Mallorca porque son ciudades muy bonitas. El año pasado fui a Cuba y no me gustó porque hubo tormenta. Tuve que quedarme en el hotel. ¡Qué fastidio!

07:33 ✓✓

a When on holiday, Arturo usually prefers to be...
b He likes swimming in the sea, playing tennis and...
c This year he is going to go on a...
d He thinks Barcelona and Palma de Mallorca are very...
e He didn't like Cuba because...
f As a consequence he had to...

5 ⟷ **Traduce al inglés el texto de la actividad 4.**
Translate the text from activity 4 into English.

6 ✏️ **Escribe un párrafo de unas 90 palabras sobre las vacaciones. Usa la información de la actividad 4 para ayudarte y menciona lo siguiente:**
Write a paragraph of about 90 words about holidays. Use the information from activity 4 to help you and mention the following:

- unas vacaciones pasadas
- unas vacaciones futuras
- mucha información, detalles y opiniones.

Oro

7 Lee las opiniones de estos jóvenes sobre Benidorm. Busca y escribe estas expresiones en español.

Fui a Benidorm el año pasado y me encantó. La playa es enorme y muy limpia, y ofrece todo tipo de deportes acuáticos. Monté en moto acuática y jugué al vóley-playa todos los días. El clima es ideal y los vecinos son muy amables con los visitantes. ¿Que si voy a volver el año que viene? Si tengo dinero sí, pero ¡no es probable!

@**Eduardo**

Suelo ir a Cádiz de vacaciones, pero el mes que viene, voy a ir a Benidorm con mis amigos. Reservamos un hotel de cuatro estrellas que tiene piscina. En Benidorm hay muchas discotecas y ¡el ambiente es flipante! Sin embargo, me gustaría hacer un picnic en la playa, o comer en un restaurante cerca del mar Mediterráneo... ¡aunque es posible que haya demasiados turistas allí!

@**Victoria**

a	I loved it	**f**	I usually go
b	all types	**g**	four stars
c	every day	**h**	the atmosphere
d	the locals	**i**	near to
e	if I have money	**j**	it's possible there will be

8 Lee el texto de la actividad 7 otra vez. Luego, lee las frases (a–h) y selecciona las <u>cinco</u> que son correctas.

a Eduardo loved going to Benidorm last year.

b The beach is very dirty.

c The locals are not nice to the visitors.

d Eduardo is going to go back to Benidorm next year.

e Victoria usually goes to Cádiz.

f Her hotel has a pool.

g Benidorm has a great atmosphere.

h Too many tourists may be a problem in Benidorm.

9 Traduce al español el siguiente párrafo.

Last May I went to Cancún in Mexico with my family. My Dad reserved a five-star hotel and we went by plane. The beaches there are very relaxing and I sunbathed every day. I am going to go back next year, but I am going to visit the historic monuments and take more photos of the exotic animals.

⬆ ¡Arriba, arriba!

Verbs like *gustar* can be tricky to use in the past because the verb must agree with what it describes.

- *me gust**ó** el hotel*
  I liked the hotel

- *me fascin**aron** los monumentos*
  the monuments fascinated me

¡Demuestra lo que sabes!

🎧 Escuchar

1 〜〰〜 **Listen to Antonia, Lucía and Raquel talking about their holiday plans. Complete the sentences with the correct word.**

Antonia would like to plan the holiday on the **1**_____ because it is **2**_____. She would like to go to the **3**_____ to stroll on the beach and **4**_____ every day. Lucía also prefers beach holidays because they are very **5**_____. She is going to sleep a lot, swim in the sea and play **6**_____. Last year Raquel's family went to Formigal in the **7**_____ of Spain. There they **8**_____ in the mountains. This summer is going to be **9**_____. They are going to go to the **10**_____.

📖 Leer

2 **Lee el email de Fabián sobre sus vacaciones en Cuba y completa las frases con la opción correcta.**

De: fabian321@gmail.es
Asunto: ¡Cuba es maravillosa!

Hace mucho sol y hace calor todos los días. Las playas de Varadero son muy bonitas; es posible montar en moto acuática y recoger conchas exóticas. Ayer visité La Habana, una capital histórica y fascinante. Fui al Museo de la Revolución y vi estatuas impresionantes de figuras importantes como Che Guevara. Mañana voy a salir con unos amigos cubanos y comer platos típicos...

Lupita

1 En Cuba...
  a no hace mucho sol.
  b hace buen tiempo todos los días.
  c hay tormenta.

2 En las playas de Varadero...
  a las motos acuáticas son bonitas.
  b hay conchas exóticas.
  c hay museos.

3 La capital de Cuba...
  a tiene mucha historia.
  b se llama Varadero.
  c nunca es fascinante.

4 Che Guevara...
  a es una figura importante en Cuba.
  b va a salir con amigos.
  c vio estatuas impresionantes.

⇕ Traducir

3 **Translate the text from activity 2 into English.**

💬 Hablar

4 **Con un(a) compañero/a, contesta a las seis preguntas.**

- ¿Adónde fuiste de vacaciones el año pasado?
- ¿Con quién fuiste?
- ¿Qué hiciste?
- ¿Adónde vas a ir de vacaciones el año que viene? ¿Por qué?
- ¿Cómo vas a ir?
- ¿Qué vas a hacer?

✏️ Escribir

5 **¿Cuáles son tus planes para las vacaciones? Escribe unas 90 palabras. Añade muchas expresiones ambiciosas, por ejemplo: ¡qué chulo!, suelo ir/ hacer... Menciona:**

- adónde vas a ir
- con quién
- cómo vas a ir (transporte)
- qué vas a hacer
- tu opinión.

Mi lista de logros

I can...

2.1 ¡Allá voy!

☐ say what transport I take when going on holiday
☐ name ten countries in Spanish
☐ say what type of holiday I am going on
☐ write a paragraph about holidays

- *voy en coche, autocar, avión, tren...*
- *voy a España, Francia, Italia, Estados Unidos...*
- *una escapada a la ciudad, un viaje cultural*
- *voy a..., con..., en...*

2.2 Tengo mucho que hacer

☐ name at least eight holiday activities
☐ describe these activities fully in the present tense
☐ give multiple facts about Puerto Rico in Spanish
☐ use the verb *soler* in the present tense

- *tomar el sol, pasear por la playa, sacar fotos...*
- *visitamos monumentos, jugamos al vóley-playa...*
- *la capital es San Juan, un plato típico es...*
- *suelo ir de compras, solemos nadar*

2.3 ¡Esto es la pera!

☐ use lots of common exclamations
☐ name a range of new holiday activities
☐ extend holiday descriptions with opinions
☐ include specific cultural references in holiday descriptions

- *¡es la pera!, ¡qué chulo!, ¡es un rollo!*
- *hacer senderismo, montar en moto acuática*
- *es arriesgado, estimulante...*
- *voy a Cádiz y tomo el sol en la playa de la Caleta*

2.4 Te cuento qué pasó...

☐ form and use the preterite tense for regular verbs
☐ give an account of a past holiday
☐ use the verb *ir* in the preterite tense
☐ write in detail in at least three tenses

- *hablaste, comí, jugaron, bailó*
- *compré recuerdos, luego tomé el sol*
- *fui, fuiste, fue, fuimos, fuisteis, fueron*
- *el año pasado fui a Asturias, pero el año que viene voy a visitar...*

2.5 Mi aventura amazónica

☐ narrate events in the past
☐ use complex vocabulary to describe a visit to a region
☐ use a range of irregular verbs in the preterite
☐ add weather expressions to my descriptions

- *primero hice una visita guiada; luego...*
- *observé las plantas exóticas, hay ranas venenosas...*
- *vimos delfines, fue increíble...*
- *hizo sol, hubo tormenta, nevó...*

2.6 ¡El verano que viene vamos a flipar!

☐ talk about future holiday plans in detail

☐ use a range of future time expressions
☐ write impressively in a test situation

- *voy a planear mis vacaciones en Internet, hacer un crucero...*
- *el año que viene, la semana que viene...*
- use verbs accurately in a range of tenses, learn expressions by heart...

Vocabulario

2.1 ¡Allá voy!
Here I come!

el autocar	coach
el avión	plane
el barco	boat
la bicicleta	bicycle
el coche	car
la motocicleta	motorbike
el tren	train

voy...	I go/I'm going...

a pie	on foot
en autocar	by coach
en avión	by plane
en barco	by boat
en bicicleta	by bike
en coche	by car
en motocicleta	by motorbike
en tren	by train

Alemania	Germany
Egipto	Egypt
Escocia	Scotland
Estados Unidos	United States
Francia	France
Gales	Wales
Grecia	Greece
Inglaterra	England
Irlanda	Ireland
Italia	Italy
Turquía	Turkey

estar de vacaciones	to be on holiday
ir de vacaciones	to go on holiday
ir de visita	to pay a visit

una escapada a la ciudad	city break
unas vacaciones en la playa	beach holiday
un viaje cultural	cultural trip

2.2 Tengo mucho que hacer
I have a lot to do

alojarme en un hotel	to stay in a hotel
comer en restaurantes típicos	to eat in typical restaurants
ir de compras a mercados	to go shopping in markets
jugar al vóley-playa	to play beach volleyball
nadar en el mar	to swim in the sea
pasear por la playa	to stroll along the beach
sacar fotos	to take photos
tomar el sol	to sunbathe
visitar los monumentos históricos	to visit historical monuments

la arena	sand
la estrella	star
el plato	dish
el puerto	port

2.3 ¡Esto es la pera!
This is amazing!

¡es flipante!	it's amazing!
¡es la pera!	it's incredible!
¡es muy guay!	it's very cool!
¡es un rollo!	it's a pain!
¡mola mucho!	it's out of this world!
¡qué aburrimiento!	what a bore!
¡qué chulo!	how awesome!
¡qué fastidio!	how annoying!

hacer un picnic	to have a picnic
hacer senderismo	to go hiking
montar en globo	to go up in a hot-air balloon
montar en moto acuática	to ride a jet-ski
recoger conchas en los charcos	to collect shells in rock pools
visitar el museo arqueológico	to visit the archaeological museum

aproximado/a	approximate
arriesgado/a	risky
educativo/a	educational

estimulante	*stimulating*
peligroso/a	*dangerous*
relajante	*relaxing*
la aventura	*adventure*

la tribu	*tribe*
el tucán	*toucan*
el valle	*valley*
el vuelo	*flight*

2.4 Te cuento qué pasó…
I'll tell you what happened…

el año pasado	*last year*
el mes pasado	*last month*
en mis últimas vacaciones	*on my last holiday*
el verano pasado	*last summer*

al aire libre	*in the open air*
la barbacoa	*barbecue*
el camping	*campsite*
la isla	*island*

bailar en una discoteca	*to dance in a night club*
comprar recuerdos	*to buy souvenirs*
hacer ciclismo	*to go cycling*
nadar en la piscina	*to swim in the pool*
probar la gastronomía local	*to try the local cuisine*
sacar selfis	*to take selfies*
salir con los amigos	*to go out with friends*
ver un partido	*to watch a match*

2.5 Mi aventura amazónica
My Amazonian adventure

hacer una visita guiada	*to take a guided tour*

observar la naturaleza	*to observe nature*
planear	*to plan*
subir una montaña	*to climb a mountain*

la capibara	*capybara (large rodent)*
la deforestación	*deforestation*
el delfín	*dolphin*
la experiencia	*experience*
el hostal	*hostel*
el mono capuchino	*capuchin monkey*
la rana venenosa	*poisonous frog*
el río Amazonas	*the Amazon river*
la selva tropical	*tropical rainforest*

2.6 ¡El verano que viene vamos a flipar!
Next summer we're going to go wild!

el año que viene	*next year*
el miércoles que viene	*next Wednesday*
la semana que viene	*next week*
el verano que viene	*next summer*

voy a…	*I am going to…*

alojarme en un hotel	*stay in a hotel*
dar de comer a las llamas	*feed the llamas*
dormir mucho	*sleep a lot*
no hacer nada	*not do anything*
hacer un crucero	*go on a cruise*
pescar en el río	*fish in the river*
planear mis vacaciones en Internet	*plan my holiday on the Internet*
trabajar de voluntario/a	*work as a volunteer*

ganar la lotería	*to win the lottery*
ver muchos animales salvajes	*to see many wild animals*
viajar alrededor del mundo	*to travel around the world*
volar en un avión privado	*to fly in a private plane*

el comedor social	*soup kitchen*
incluido/a	*included*
el mar Mediterráneo	*Mediterranean Sea*
primera clase	*first class*
sin techo	*homeless*
el/la voluntario/a	*volunteer*
wifi	*wi-fi*

You'll find more useful vocabulary on pages 6–7 and in the glossary at the back of this book.

Generación digital

Objectives

- Discussing the Internet and social media
- Forming negative expressions (II)
- Saying anglicisms in Spanish

📖 Leer

1 Empareja las frases (1–6) con los dibujos (a–f).

> ¿Usas mucho Internet?

1 Todos los días **veo vídeos** en YouTube.
2 De vez en cuando **subo fotos** a mi cuenta de Instagram.
3 Prefiero **leer un libro** en la biblioteca.
4 Siempre **descargo música**.
5 **Hago la compra** por Internet con mis padres cada semana.
6 Los fines de semana llamo a mi primo por **videollamada**.

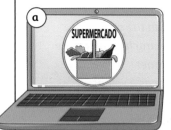
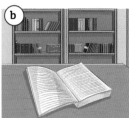

⇕ Traducir

2 Translate the sentences from activity 1 into English (1–6).

🎧 Escuchar

3 〰 Listen to these students (a–f) talking about how they use the Internet. Then complete the table in English.

	Frequency	Activity
Example **a**	weekends	read a book in library

Aa Gramática

Negative expressions (II)

Use these in addition to the negative words and expressions you have already come across.

nadie	no one
ya no	no longer/not anymore
tampoco	neither/nor/not... either

- *En mi casa, **nadie** descarga música.*
  In my house, no one downloads music.
- ***Ya no** subo fotos a Facebook.*
  I no longer upload photos to Facebook.
- *No me gusta ver la tele, **tampoco** me gusta escuchar la radio.*
  I don't like watching TV, nor listening to the radio.

⬆ ¡Arriba, arriba!

To make your negative expressions more impressive, use ***casi*** ('almost'):

casi nadie	almost no one
casi nada	almost nothing
casi nunca	almost never

💬 Hablar

4 Con un(a) compañero/a, contesta las preguntas (a–e) con una expresión de frecuencia.

¿Con qué frecuencia...

a usas Internet?

Uso Internet...

b descargas música?

Descargo música...

c haces la compra por Internet?

Hago la compra por Internet...

d ves vídeos en YouTube?

Veo vídeos en YouTube...

e juegas a videojuegos por Internet?

Juego a videojuegos por Internet...

⚙️ Estrategia

 **Saying anglicisms in Spanish**

Spanish has borrowed many words from English, including many technology words. You have already seen lots of examples, such as *email* and *Internet*. You will sound more authentic if you pronounce brands like *Instagram* and *YouTube* with a Spanish accent!

📖 Leer

5 Lee los comentarios de estos jóvenes. Luego lee las preguntas (a–f) y escribe el nombre correcto.

Pascual

¡Me encantan las aplicaciones de mi teléfono móvil! Miro las fotos de mis amigos en Instagram y descargo música. Nunca uso el móvil en el instituto, pero los fines de semana aprendo portugués con una aplicación de lenguas.

Gabriela

Prefiero usar mi tableta porque es más grande que mi móvil. Mi aplicación favorita se llama FaceTime: es ideal para llamar a mis amigos y a mi familia. Sin embargo, gasta mucha batería. También hago la compra en el supermercado virtual con mis padres.

Pamela

La aplicación favorita de mi familia es la de mapas, especialmente cuando vamos de vacaciones en coche y usamos el navegador. En mi casa nadie escucha la radio tradicional; preferimos la aplicación de Radio Cadena Dial, porque siempre hay música española muy buena.

¿Quién...

a hace la compra por Internet?

b no usa el móvil en el colegio?

c aprende un idioma los sábados y los domingos?

d usa el móvil para encontrar direcciones?

e tiene a veces problemas con la batería de su tableta?

f escucha la radio digital?

✏️ Escribir

6 ¿Cuáles son tus aplicaciones favoritas? Escribe unas 40 palabras y menciona:

- tus aplicaciones favoritas
- lo bueno de estas aplicaciones
- una aplicación que no usas y por qué.

¿Qué ponen en la televisión?

Objectives

- Discussing TV programmes
- Using *acabar de*
- Translating short sentences into Spanish

🎧 Escuchar

1 〰️ **Listen to the conversation about television programmes and look at the images. Then complete the table with the correct times and letters in the order you hear them.**

Time	Letter
Example: 2.45	*g*

a

una película

b

un concurso

c

una telenovela

d

un programa de deportes

e

un concurso de talentos

f

una serie familiar

g

un telediario

h

un programa de humor

i

unos dibujos animados

2 〰️ **Escucha la conversación entre Fernando y Susana. Luego lee el texto y corrige los errores. ¡Hay seis en total!**

Ejemplo: genial – fantástica

—Fernando, ¿qué ponen esta tarde en la tele?

—La programación de hoy es genial, Susana. A las cuatro ponen una película muy buena que se titula *El laberinto del fauno*. Además, a las cinco y cuarto ponen una telenovela muy buena. ¿Qué prefieres ver, Susana?

—Prefiero la telenovela, por supuesto, ¡es estupenda! ¿Qué más ponen, Fernando?

—A las seis y diez ponen un concurso. Se llama *Pasapalabra*, es muy divertido y cultural. Pero esta noche a las nueve ponen mi serie favorita, *Cuéntame*.

—Yo prefiero el telediario o un documental... ¿Qué tipo de programa es tu favorito, Fernando?

—Sinceramente Susana, prefiero los programas musicales, como *La Voz* o *Factor X*.

> **ⓘ ¡Cultura!**
>
> In Spain, you might hear the expression *peli y manta* (literally 'film and blanket')! *Esta tarde... peli y manta en casa* means staying in and watching TV.

📖 Leer

3 **Read about Manuela's viewing habits, then choose the two correct statements.**

En mi casa, casi nadie ve la televisión tradicional. Yo prefiero Netflix porque hay mucha variedad. Acabo de hacer un maratón de mi serie favorita, que se llama *La casa de papel*. ¡Vi todos los capítulos en un fin de semana! En Netflix hay muchas series y programas a la carta; es fácil y conveniente. Uso varios dispositivos: me gusta ver los programas en mi móvil o en la tableta de mi hermano.

hacer un maratón de	to binge-watch
a la carta	on demand
dispositivos	devices

a Traditional television is not popular in Manuela's house.
b She watched all of the episodes of *La casa de papel* in a single week!
c She thinks that Netflix is easy and convenient.
d She watches Netflix on her tablet.

Aa Gramática
p.66; WB p.32

Acabar de

The verb *acabar* means 'to finish', but when used with the preposition *de* and an infinitive, it means 'to have just'.

acabo		I have just
acabas		you (sing.) have just
acaba	+ *de* + infinitive	he/she/it has just
acabamos		we have just
acabáis		you (pl.) have just
acaban		they have just

- *acabamos de ver una película*
  we have just watched a film
- *acabo de descargar música*
  I have just downloaded music

💬 Hablar

4 **Juego de rol. Lee el diálogo, y luego, con tu compañero/a, adáptalo cambiando las palabras subrayadas.**

–¿Cuál es tu programa favorito?
–*Me gusta un concurso que se llama Pasapalabra.*
–¿Por qué?
–*Porque es muy divertido.*
–¿Qué vas a ver esta noche?
–*Voy a ver una serie que se titula Cuéntame.*
–¿Cuántas horas de televisión ves al día?
–*Veo dos horas de televisión al día.*
–¿Cuál es tu dispositivo favorito para ver programas?
–*Mi dispositivo favorito es mi tableta.*

↕ Traducir

5 **Traduce al español las frases (a–e). Usa el vocabulario de la actividad 3 para ayudarte.**

a We have just watched a sports programme.
b What is your favourite film?
c Tomorrow I am going to watch every episode!
d On-demand TV is so convenient.
e My brother has just binge-watched a Spanish series.

⚙ Estrategia

Translating short sentences into Spanish

- Identify which tense is required (turn to the grammar section if needed).
- Check that your agreements are accurate.
- Use your previous notes to find key vocabulary and expressions.
- Practise – soon you will notice that the same vocabulary and techniques come up again and again!

¿En el cine o en casa?

Objectives

• Watching films at the cinema and at home
• Using *mejor* and *peor*
• Inferring meaning

🎧 Escuchar

1 〰️ Escucha los efectos de sonido (*sound effects*) de cada tipo de película (1–7) y emparéjalos con los dibujos apropiados (a–g).

La película es...

a
de ciencia ficción

b
del oeste

c
de misterio

d
de miedo

e
romántica

f
una comedia

g
un musical

📖 Leer

2 Read the Cines Princesa film programme, then read sentences a–f. For each sentence, choose a film from the programme.

CINES PRINCESA

El romance internacional: una película romántica pero también un poco cómica. ¡Un poco **predecible**!

En busca del corazón verde: una película de aventuras y misterio. Muy rápida con un argumento **complejo**.

La historia de Samuel: un musical para toda la familia. Mucho ritmo y muy **entretenida**.

La batalla sideral: una película de dibujos animados y ciencia ficción. Muy **impactante** con muchos efectos especiales. ¡Una experiencia espectacular!

¿Dónde está Samanta?: esta película de miedo es para mayores de 16 años. Muy **sangrienta**.

a   I want to watch something with my parents and sister.
b   Scary films are my favourite.
c   I like films with great special effects.
d   Romantic films are the best!
e   I like a complicated plot.
f   Nothing too complex for me... I like knowing how things will work out.

3 Empareja las palabras en negrita de la actividad 2 con su equivalente en inglés.

entertaining   gory   predictable

complex   impressive

Hablar

4 Habla con un(a) compañero/a. Da tu opinión sobre tu película favorita y sobre otra que no te gusta.

> ¿Cuál es tu película favorita?

> Mi película favorita se llama... Es mi película favorita porque...

> ¿Hay alguna película que no te gusta?

> No me gusta...

⬆ ¡Arriba, arriba!

Try to use some of these original adjectives and expressions.

me da miedo	it scares me
me hace reír	it makes me laugh
me hace pensar	it makes me think
cautivador(a)	captivating
profundo/a	deep, insightful
decepcionante	disappointing

Escuchar

5 〰 **Listen to five young people sharing their views about going to the cinema. Then answer the questions in English.**

a What does Pilar think is the best thing about going to the cinema?

b Where does Tomás prefer to watch films?

c Why doesn't Geno go to the cinema?

d What does Merche think about going to the cinema?

e Why does Mario prefer watching films at home?

⚙ Estrategia

Inferring meaning

As your language skills improve, you will find that some of the harder questions need you to 'infer'. This means you have to find out the correct answer from evidence and reasoning rather than from clear statements. Activity 2 also practises this skill.

Aa Gramática

Mejor and *peor*

As adjectives, *mejor* (best) and *peor* (worst) are placed before the noun and can be singular or plural.

- *la mejor película*   the best film
- *los peores libros*   the worst books

As nouns, the expressions *lo mejor* and *lo peor* can be used to describe the best or worst thing.

- **Lo mejor** de la película es la música.
  The best thing about the film is the music.

- **Lo peor** de mi profesor es que es muy estricto.
  The worst thing about my teacher is that he is very strict.

✏ Escribir

6 **Escribe un email a tu amigo sobre ir al cine. Menciona:**

- tu película favorita y por qué
- con quién vas al cine y cuándo
- lo bueno y lo malo de ir al cine.

⇕ Traducir

7 **Translate this film review into English.**

Esta película de dibujos animados cuenta la historia de Babo, un perro que habla. Lo mejor de la película es que tiene un final memorable. Lo peor es que a veces es un poco predecible.

Somos melóman@s

Objectives

- Discussing musical tastes
- Making comparisons with *preferir... a...*
- Answering multiple-choice questions

📖 Leer

1 Empareja los instrumentos (1–8) con los dibujos (a–h). **¡La mayoría son muy similares en inglés!**

1	la trompeta	**5**	el violín
2	la batería	**6**	el piano
3	la flauta travesera	**7**	la pandereta
4	la guitarra eléctrica	**8**	la gaita

(a)

(b)

(c)

(d)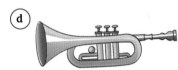

(e)

(f)

(g)

(h)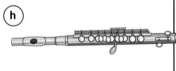

🔤 Patrones y reglas

When talking about playing an instrument in Spanish, you use the verb *tocar* (literally 'to touch').

toco	I play
toqué	I played
tocaba	I used to play
voy a tocar	I am going to play
tocaría	I would play
tocaba la guitarra	I used to play the guitar

🎧 Escuchar

2 〰 Escucha la entrevista con tres estudiantes. Luego completa las frases con la opción correcta.

1 Alfredo...
- **a** no toca el violín.
- **b** toca el piano muy bien.
- **c** toca dos instrumentos.

2 Toda la familia de Carlota...
- **a** toca la guitarra.
- **b** toca la gaita.
- **c** es muy típica.

3 Carlota...
- **a** tiene cuatro años.
- **b** tocaba la gaita.
- **c** vive en Galicia.

4 Sabrina...
- **a** siempre toca instrumentos.
- **b** no es muy musical.
- **c** toca la pandereta desde hace tres años.

❗ ¡Atención!

Desde hace means 'for' when talking about how long you have been doing something.

toco el piano desde hace siete meses
I've been playing the piano for seven months

⚙ Estrategia

Multiple-choice questions

Never assume an option is the right one because it contains vocabulary that you have heard or seen in the text. Watch out for different tenses or negative expressions that change the meaning of a statement.

🎧 Escuchar

3 〰️ **Escucha a estos jóvenes hablar sobre sus preferencias musicales. Luego lee el texto y complétalo con las palabras del recuadro.**

Luis: Soy supermelómano y prefiero **1**_____ un instrumento a salir co amigos. Toco la guitarra **2**_____ y la trompeta.

Carmen: En mi opinión, los instrumentos musicales son todos muy **3**_____, pero me encanta escuchar música. Mi **4**_____ favorita es Spotify porque hay una gran selección de música.

Vicente: Toco tres instrumentos: el piano, la guitarra y la **5**_____. Veo cursos de piano y guitarra en YouTube todos los días. ¡Son muy útiles y **6**_____!

Pancho: Nunca toco instrumentos, pero me chifla escuchar todo tipo de música. Mi hermano y yo **7**_____ ver vídeos musicales en Internet a ir a conciertos, porque son demasiado **8**_____.

Nuria: Toco la gaita desde los cinco años. Es mi instrumento favorito, aunque es muy grande y **9**_____. Prefiero tocar la gaita a **10**_____ deportes, porque la gaita es mi pasión.

melómano/a	music lover

flauta	practicar	eléctrica	tocar	ruidosa	difíciles
preferimos	aplicación	caros	gratis		

⇕ Traducir

4 **Translate Pancho and Nuria's paragraphs from activity 3 into English.**

💬 Hablar

5 **Lee las preguntas y haz un sondeo en clase. Habla con al menos cinco compañeros/as y anota sus respuestas.**

- ¿Tocas algun instrumento?
- ¿Por qué?/¿Por qué no?
- ¿Qué tipo de música prefieres?
- ¿Quién es tu artista favorito?
- ¿Qué aplicación usas para escuchar música?

Aa Gramática

p.66; WB p.33

Comparisons with *preferir... a...*

Remember that the verb *preferir* is radical-changing in the present tense:

prefiero	I prefer
prefieres	you (singular) prefer
prefiere	he/she prefers
preferimos	we prefer
preferís	you (plural) prefer
prefieren	they prefer

Follow it with the preposition *a* to make comparisons:

- *Prefiero tocar la batería **a** ver la tele.*
  I'd rather play drums than watch TV.

- *Prefiero la música clásica **a** la música rock.*
  I prefer classical music to rock music.

ℹ️ ¡Cultura!

The region of Galicia in the northwest of Spain is famous for its bagpipes (*la gaita gallega*). You may even see blue and white tartan kilts, which are worn as part of the regional costume!

✏️ Escribir

6 **Escribe un párrafo en español acerca de tus preferencias musicales. Menciona:**

- instrumento – *Toco...*
- tipos de música – *Prefiero...*
- artista –*Mi artista favorito es...*
- aplicaciones – *Uso...*

Mis intereses personales

Objectives

- Creating an online profile
- Using *ser* and *estar*
- Speaking in front of the class

🎧 Escuchar

1 〰 **Listen to Laura and Fernando talking about social media. For each sentence (a–f), write Laura or Fernando's name. Add any extra information you hear.**

*Example: **a** Fernando (when we go shopping)*

En mi perfil...

a   subo muchas fotos y selfis.

b   comento las fotos de mis amigos.

c   cambio mi estado cada semana.

d   pongo filtros y efectos en mis fotos.

e   hago vídeos en directo cuando toco la flauta.

f   doy muchos 'me gusta' a mis fotos favoritas.

📖 Leer

2 **Lee estos estados y decide si son positivos (P), negativos (N), o positivos y negativos (P+N).**

a   **Estoy** contenta porque hoy juego al fútbol con mis amigas. ¡Qué emocionante!

b   Mi madre **está** un poco triste hoy porque mi gato Pichi no **está** en casa... ¡Ayuda!

c   Hoy en Netflix voy a ver un capítulo nuevo de mi serie favorita. ¡**Va a ser** tenso!

d   Esta tarde, comida familiar: ¡**es** asquerosa! Por la noche, película de miedo en casa: ¡estupenda!

e   **Estoy** enfermo y no puedo ir al cine con mis amigos. #desastre

f   Hoy **es** un día aburrido en el insti. Tengo muchos exámenes. #repaso

Aa Gramática

p.67; WB p.34

Ser and *estar*

Both *ser* and *estar* mean 'to be', but they are used in very different ways.

- *Ser* is used for general descriptions, permanent conditions and the time.
- *Estar* is used for positions, temporary conditions and emotions.

*Mi hermana **es** alta.*	My sister is tall.
***Estoy** contenta.*	I am happy.
*Córdoba **está** cerca de Sevilla.*	Cordoba is near Seville.

✏️ Escribir

3 **Escribe tu propio estado con una opinión para compartir en una red social. Usa los estados de la actividad 2 para ayudarte.**

💬 Hablar

4 Lee tu estado a un(a) compañero/a de clase. Tu compañero/a tiene que decidir si es positivo, negativo, o positivo y negativo.

📖 Leer

5 Read Álvaro's post about his online profile. Then complete the sentences (a–f) in English with the correct information from the text.

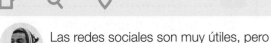

📶　　　　　　　　　　🔋 12:13

⌂　　🔍　　📍

Las redes sociales son muy útiles, pero a veces son una pérdida de tiempo total. Me gusta Instagram porque está de moda y me gusta subir fotos de las vistas que hay desde mi casa. Pero solo subo fotos los fines de semana porque mi padre no me permite usar Instagram todos los días. Me gusta Twitter porque es divertido dar muchos 'me gusta' a los tuits de mis amigos. En Twitter me fascina ver cuál es la tendencia del momento y leer las noticias de última hora, pero no es una obsesión. Prefiero ver el telediario con mis padres para estar bien informado.

está de moda	it's fashionable/in fashion
las vistas	the views
la tendencia	trend
los tuits	tweets

a In my opinion, social networks are useful, but sometimes...

b I like uploading photos of...

c I only upload photos at the weekend because...

d I like Twitter because...

e I am fascinated by seeing what is trending at the moment and...

f I prefer watching the news on television with my parents...

🎧 Escuchar

6 〜〰 Listen to some more of Álvaro's thoughts about social media (a–e). Then answer the questions in English.

empresa company

a How often does he use Snapchat?

b How do we know his friend Luis is obsessed with social networks?

c What is Álvaro afraid of at the moment?

d What could an immoral person or company steal?

e How do social networks help Álvaro's interest in science?

✏️ Escribir

7 ¿Cómo usas tu perfil de Internet? Elige una red social y escribe un párrafo en español. Menciona:

- cómo usas esta red social
- lo bueno y lo malo de esta red social
- si vas a continuar usándola y por qué.

💬 Hablar

8 Busca un(a) compañero/a de clase que ha descrito (*has described*) la misma red social que tú. Haz una presentación con tu compañero/a usando la información de la actividad 7.

⚙️ Estrategia

Speaking in front of the class

Practise carefully, but don't try to memorise everything word-for-word as this will make you sound less natural and cause you to panic if you forget something! Use flashcards to help you keep on track and vary the tone of your voice. You could even do a joint presentation with someone in your class!

Quiero ser...

Objectives

- Discussing jobs and careers
- Using the future tense (regular verbs)
- Understanding short prose pieces

🎧 Escuchar

1 〰️ Escucha a Carlos y Rosana. Luego recomienda (*advise*) distintos trabajos (a–h) según sus habilidades (*skills*) y ambiciones.

a el/la médico/a

b el/la fontanero/a

c el/la profesor(a)

d el/la científico/a

e el/la arquitecto/a

f el/la piloto

g el/la granjero/a

h el/la cocinero/a

✏️ Escribir

2 En la actividad 1 hay un trabajo que no se menciona. Escribe una mini-descripción de alguien interesado/a en ese trabajo.

❗ ¡Atención!

〰️ Many jobs in Spanish are cognates. Be careful how you pronounce them!

el/la actor/actriz	el/la mecánico/a
el/la dentista	el/la policía
el/la electricista	el/la recepcionista
el/la fotógrafo/a	el/la secretario/a

〰️ You can recognise some others from words you already know. What do you think these are in English?

el/la bibliotecario/a	el/la jugador(a) de fútbol
el/la carnicero/a	
el/la enfermero/a	el/la pescadero/a
el/la escritor(a)	el/la bloguero/a

🔤 Patrones y reglas

When talking about jobs, you often do not use the indefinite article *un(a)* ('a').

- *Me gustaría ser ~~un~~ profesor.*
- *Soy ~~un~~ médico.*

When talking about what you work as, you should use the structure *trabajar de* or *trabajar como*.

- *Mi padre trabaja **de** arquitecto.*
  My dad works **as** an architect.

📖 Leer

3 Lee las razones a favor y en contra (*pros and cons*) de ciertos trabajos (1–6) y emparéjalas con su significado en inglés (a–f).

1 El sueldo es alto
2 Es demasiado exigente
3 El/la jefe/a es agradable
4 Es muy estimulante y gratificante
5 No vale mucho
6 Tengo que trabajar durante la noche

a I have to work at night
b The boss is nice
c It is very stimulating and satisfying
d It is not very worthwhile
e It is too demanding
f The pay is high

Aa Gramática

p.67; WB p.35

The future tense

The Spanish simple future tense is the equivalent of the English 'will' or 'shall'. It is formed by adding the appropriate ending to the infinitive.

yo	é
tú	ás
él/ella	á
nosotros/as	emos
vosotros/as	éis
ellos/as	án

jugar**é**	I will play
trabajar**ás**	you will work
ser**emos**	we will be

💬 Hablar

4 Haz un sondeo en clase. Pregunta a cinco compañeros/as y anota sus respuestas.

• ¿De qué trabajarás en el futuro? ¿Por qué?

📖 Leer

5 〜 Read this extract from the short story *El gran robo* by Eva María Rodríguez. Then choose the **three** correct statements from the ones that follow.

Un día, mientras Don Gerardo estaba sentado en un parque mirando los árboles del bosque, tuvo una inspiración. Al mirar al suelo, vio un pequeño árbol que apenas levantaba un palmo del suelo. Luego, Don Gerardo miró hacia la copa de los árboles más altos.

–Eso es lo que haré –dijo Don Gerardo–. Empezaré de cero, desde el principio, otra vez… Me iré a otro lugar, donde nadie me conozca, y buscaré trabajo.

Don Gerardo se fue lejos y buscó trabajo. No le costó mucho, pues era una persona educada y con buena presencia, que sabía hablar y se ganaba a la gente fácilmente. Pronto hizo nuevos amigos y consiguió mejorar su posición. En poco tiempo volvió a ser un hombre pudiente, aunque no tan rico como antes.

Don Gerardo...

a had a moment of inspiration in the park.
b decided to start again from nothing.
c looked for a job near to home.
d made a very good impression on people.
e ended up even richer than he was before.

⚙ Estrategia

Understanding short prose pieces

Don't worry about identifying difficult tenses and vocabulary! Try to work out where the action is taking place, who the characters are, and then piece together the rest by translating as many key words as possible. Then you might be able to work out the meaning of some of the words you have never seen before.

¡Zona cultura!
Los programas musicales están de moda

📖 Leer

1 Read about the most popular musical programmes in Spain and Latin America, then read the statements (a–f) and decide which programme they refer to.

Operación Triunfo

En este programa semanal hay un grupo de dieciséis chicos y chicas jóvenes que van a una academia musical a aprender y perfeccionar su técnica. Cada lunes hay una gala musical en la televisión española. ¡Es muy emocionante!

La Voz

Este programa es muy famoso en España, Estados Unidos, Colombia y México. En Colombia, hay una versión del programa para niños. ¡Es entretenido y gracioso!

Factor X

Esta competición musical produce muchos vídeos virales en YouTube con actuaciones peculiares y diferentes. Hay una gala semanal: hay votaciones y se elimina a algunos concursantes... ¡qué guay!

a It is very popular on the Internet.
b There are 16 participants in total.
c It has had a lot of success in Latin America.
d One version has child contestants.
e It has some very strange performances!
f The participants all attend a music academy.

¡Somos fans de #Almaia!

Alfred García y Amaia Romero son muy famosos en España a causa de aparecer en el programa musical *Operación Triunfo*. Amaia es la ganadora y Alfred tiene la cuarta posición. Las redes sociales españolas en Internet hablan constantemente de ellos.

Los miles de fans del dúo normalmente usan el nombre de #almaia, que es una mezcla de sus nombres.

🎧 Escuchar

2 〰️ Escucha los perfiles de Amaia y Alfred y completa el texto con la información correcta (1–10).

Amaia Romero Arbizu

Fecha de nacimiento: 3 de **1**_____ de 1999.

Lugar de nacimiento: Pamplona, España.

Intereses y habilidades: Toca el piano muy bien y le encanta la música clásica. Además, toca la **2**_____ y escucha música moderna. Le **3**_____ ver películas y series en Netflix. Sus pelis favoritas son de miedo o misterio.

En Internet: Tiene perfiles en Instagram y Twitter, pero suele usar Internet para leer y ver información sobre conciertos y eventos musicales en Pamplona. Le gusta comentar las fotos de Alfred, porque él usa Internet más **4**_____.

Planes futuros: Cantará en conciertos de Madrid, Barcelona y Pamplona, su **5**_____ natal.

Alfred García Castillo

Fecha de nacimiento: 14 de marzo de 1997.

Lugar de nacimiento: El Prat de Llobregat, **6**_____ de Barcelona.

Intereses y habilidades: Su instrumento favorito es el trombón y le gusta mucho la música jazz, el rock y la música alternativa. Canta en español y en **7**_____ también. A menudo ve vídeos musicales en YouTube.

En Internet: Es muy activo en las **8**_____ sociales y sube vídeos a Instagram diariamente. **9**_____ sacar selfis con otros artistas españoles internacionales y escribe mensajes en Twitter.

Planes futuros: Continuará tocando el trombón y otros instrumentos en sus conciertos y **10**_____ con Amaia en un dúo romántico.

| cerca | fascina | guitarra | catalán | cantará |
| enero | frecuentemente | redes | suele | ciudad |

⇕ Traducir

3 Read the messages (a–c) and translate them into English.

a **@chicaverde01** ¡Soy fan de #almaia! ¡Me encantan!

b **@tuvecina** Cuando escucho a #Rosalía es tan emocionante... ¡es la mejor!

c **@sevillano43** ¿Quién va al concierto de Lola Indigo el jueves por la noche? Subiré mis fotos a Snapchat inmediatamente después.

✏️ Escribir

4 Escribe un perfil de tu cantante favorito/a. Usa los ejemplos de Amaia y Alfred para ayudarte. Menciona:

- fecha de nacimiento
- lugar de nacimiento
- intereses y habilidades
- actividades en las redes sociales
- planes para el futuro.

💬 Hablar

5 Habla con un(a) compañero/a sobre tu cantante favorito/a y contesta las siguientes preguntas.

- ¿Cuál es su fecha de nacimiento?
- ¿Dónde nació?
- ¿Cuáles son sus intereses y habilidades?
- ¿Qué hace en las redes sociales?
- ¿Tiene planes para el futuro?

Labo-lengua

Aa Gramática

Acabar de

When used alone, the verb *acabar* means 'to finish', but when used in the present tense with the preposition *de* and an infinitive, it means 'to have just'.

acabo		I have just
acabas		you (sing.) have just
acaba	+ *de* + infinitive	he/she/it has just
acabamos		we have just
acabáis		you (pl.) have just
acaban		they have just

- *Acabo de terminar mis deberes.*
  I have just finished my homework.

- *Mónica acaba de ver su serie favorita.*
  Mónica has just watched her favourite series.

1 Choose the correct infinitive to complete each sentence.

a Acabo de _____ una película de ciencia ficción.

b Acabamos de _____ fotos a Snapchat.

c Acaban de _____ la compra por Internet.

d Celia acaba de _____ a su hermana por Skype.

e Acabáis de _____ los deberes.

f Acabas de _____ música mexicana.

g Acabo de _____ las noticias en mi móvil.

leer   terminar   llamar   subir
ver   descargar   hacer

Aa Gramática

Comparisons with *preferir... a...*

The verb *preferir* (to prefer) is radical-changing in the present tense.

prefiero	I prefer
prefieres	you (singular) prefer
prefiere	he/she prefers
preferimos	we prefer
preferís	you (plural) prefer
prefieren	they prefer

This verb, followed by the preposition *a*, can be used in comparisons when you want to state that one thing is preferable to another.

- *Prefiero ver una película a tocar la guitarra.*
  I'd rather watch a film than play the guitar.

- *Preferimos F.C. Barcelona a F.C. Real Madrid.*
  We prefer Barcelona F.C. to Real Madrid F.C.

2 Rewrite the sentences by placing the words in the correct order. There is more than one way to do this!

a Mi música latina música clásica a la madre prefiere la

b ir de compras prefieren una serie de dibujos animados a Mis hermanos ver

c una película Nosotras preferimos en casa ir al cine a ver

d la música ¿Prefieres tocar en la radio? guitarra a escuchar

e misterio al telediario Preferimos las series de

f Yo monumentos en Barcelona prefiero sacar selfis a visitar

Aa Gramática

🖥 *Ser* and *estar*

These two verbs both mean 'to be' but are used in very distinct ways.

Ser is used for general descriptions, permanent conditions and the time.

- *eres muy simpática*   you are very nice
- *la ciudad es grande*   the city is big
- *son las tres*   it is three o'clock

Estar is used for positions, temporary conditions and emotions.

- *está lejos*   it is far
- *estoy cansado hoy*   I am tired today
- *mi amigo está triste*   my friend is sad

3 **Read the sentences (a–h) and choose between *ser* and *estar*.**

a   Yo **estoy/soy** nervioso porque la nueva temporada de *Stranger Things* empieza hoy.

b   La película de terror que ponen en Telecinco esta noche **es/está** muy aburrida.

c   Mis primas **son/están** muy contentas porque van al cine esta noche.

d   Mi teléfono móvil **es/está** gris y muy grande.

e   El cine **es/está** muy cerca de la estación.

f   ¿Qué hora **es/está**?

g   **Son/Están** las ocho y media.

h   ¿Vosotros **estáis/sois** en casa hoy? Podemos ver una peli de misterio en la tele.

Pronunciación: z

〰️ 🎞 The Spanish 'z' sounds just like the English 'th', though in Latin America it is pronounced more like the letter 's'.

actriz	*marzo*	*diez*	*zona*

5 〰️ **Try saying the following: 'Zipizape zapatero, zapatero remendón, ponme un lazo en mis zapatos, en mis zuecos ponme dos.'**

Aa Gramática

🖥 The future tense

The Spanish simple future tense is the equivalent of the English 'will' or 'shall'. It is formed by adding the appropriate ending to the infinitive form of the verb:

yo	é
tú	ás
él/ella	á
nosotros/as	emos
vosotros/as	éis
ellos/as	án

- *trabajar**é** de enfermero*
  I will work as a nurse
- *ser**á** muy exigente*
  it will be very demanding

Note that this tense differs slightly in meaning from the near future tense.

- *voy a ir al cine*
  I'm **going to go** to the cinema
- *iré al cine*
  I **will go** to the cinema

4 **Complete the sentences by changing the infinitives in brackets into the correct form of the simple future tense.**

a   En el futuro, mi primo Hasir _____ un trabajo de recepcionista. *(buscar)*

b   Mañana mi tía Montse y yo _____ una comedia romántica en Netflix. *(ver)*

c   Vosotras _____ mucho dinero en el futuro. *(ganar)*

d   Mis abuelos _____ muchas fotos de los monumentos de Sevilla. *(sacar)*

e   ¿Tú _____ tu perfil de Facebook pronto o no? *(modificar)*

f   Yo no _____ al cine. Prefiero ver las pelis en mi casa. *(ir)*

El podio de los campeones

1 📖 **Four young people talk about their online activities. Read their comments and complete the table with the correct information.**

Gabriela: Tengo una consola y lo mejor es jugar a videojuegos por Internet porque es posible hablar con amigos mientras juegas.

Rosa: La semana pasada fui al centro comercial y me gustó mucho la experiencia. Sin embargo, suelo hacer las compras por Internet porque es mucho más eficaz.

Fabio: El fin de semana pasado, mis amigos y yo fuimos a una fiesta. Subí mis selfis a Instagram porque ¡tengo muchos seguidores!

Ngozi: Me gusta cantar y de vez en cuando hago vídeos en directo cuando canto con mi hermana. Es interesante leer los comentarios de otras personas.

	Online activity	Reason
Gabriela		
Rosa		
Fabio		
Ngozi		

2 ✏️ **Write a blog entry about your favourite online activities. Mention:**

- two online activities you did last week
- your favourite online activity and why you like it (**two** reasons)
- an online activity you don't do and why (**one** reason).

3 📖 **Lee sobre la película *El orfanato*. Completa la tabla en inglés.**

Read about the film *The Orphanage*. Complete the table in English.

El orfanato
★★★★★

El orfanato es una película española del año dos mil siete. La película recaudó ochenta millones de dólares. Además, estuvo nominada a sesenta y un premios internacionales. El director es Juan Antonio Bayona. La banda sonora de la película está compuesta por Fernando Velázquez. Según los críticos, El orfanato es una de las películas más aterradoras de la última década, y un trabajo excelente inspirado en los clásicos del terror.

Name of the film	El orfanato
Release date (year)	
Box office earnings ($)	
Number of award nominations	
Name of the director	
Soundtrack composer	
One of the scariest films of the last...	
An excellent work inspired by...	

4 ✏️ **Escribe una reseña de una película. Usa la reseña de la actividad 3 para ayudarte. Incluye muchos datos y tu opinión personal.**

Write a film review. Use the review in activity 3 to help you. Include lots of information and your personal opinion.

Oro

5 📖 **Lee sobre los planes de Sofiane, luego completa las frases con la opción correcta.**

Se me da muy bien la biología y acabo de hacer mis exámenes finales en la universidad. La semana que viene, voy a ir de vacaciones para relajarme con mi familia. Al volver, intentaré conseguir un trabajo. El año pasado, hice unas prácticas laborales en un hospital y, en general, fue una experiencia muy gratificante. Lo peor fue que el jefe del departamento donde trabajé fue un poco desagradable. No obstante, me encantó ayudar a la gente.

Es un trabajo exigente: las horas son muy largas y no hay suficientes días de vacaciones, pero a mí no me importa. Sería ideal si pudiera encontrar un trabajo en el servicio de salud en un futuro cercano. ¿Será posible? ¡Por supuesto!

1 Sofiane... biología en la universidad.
   a estudió
   b estudiar
   c continúa estudiando...

2 Sus vacaciones...
   a son finales.
   b duran una semana.
   c serán relajantes.

3 Inmediatamente después de las vacaciones...
   a Sofiane buscará un trabajo.
   b con la familia, se relajará.
   c Sofiane hará unas prácticas laborales.

4 En el hospital a Sofiane le gustó...
   a su jefe.
   b la experiencia.
   c el departamento.

5 Trabajar en el servicio de salud...
   a es desagradable.
   b no es exigente.
   c es la aspiración de Sofiane.

6 Con respecto a su futuro, Sofiane es...
   a positivo.
   b negativo.
   c poco seguro.

6 **Traduce al español el siguiente párrafo, usando el vocabulario de la actividad 5 para ayudarte.**

I am really good at English and in the near future I would like to be a writer. It is a job with a lot of freedom, but sometimes the pay is quite low. I will try to write a blog four times a week because it will be a very useful experience. Last year I worked as a secretary, but it was quite boring. Next year will be more exciting!

> ⬆ **¡Arriba, arriba!**
> ....
> Avoid translating word-for-word and instead try to spot expressions you have already seen. You should also identify different tenses and use your notes to make sure you write them correctly in Spanish.

¡Demuestra lo que sabes!

🎧 Escuchar

1 〰 **Escucha la conversación entre Clara, Yolanda y Guillermo sobre los programas de televisión. Completa la tabla con la información correcta.**

	Cuándo	Tipo de programa	Dispositivo	Dónde
Clara	*a las tres*			
Yolanda			*tableta*	
Guillermo				*dormitorio*

📖 Leer

2 **Lee las opiniones sobre las aplicaciones de música. Decide si son positivas (P), negativas (N), o positivas y negativas (P+N).**

Lara: La verdad es que Spotify tiene una gran selección de música, y recientemente, al usar la aplicación en mi móvil, comprobé que es a la vez eficaz y divertida.

Óscar: Todos mis amigos dicen que YouTube es la mejor app de música. Pero yo pienso lo contrario: es muy lenta y hay muchos anuncios.

Raúl: Yo uso Google Play desde hace tres años. Tengo la intención de eliminarla de mi móvil porque, después de usar otras aplicaciones, es evidente que las hay más avanzadas.

Christina: Amazon tiene una aplicación de música y la usé la semana pasada por primera vez. A pesar de mis dudas, no puedo criticarla porque es muy buena.

Alba: ¿Apple tiene la mejor app de música? Es una pregunta difícil. Por una parte, la prefiero a las otras aplicaciones porque tiene un estilo atractivo, pero, por otra parte, todavía tiene problemas.

↕ Traducir

3 **Translate Óscar and Alba's opinions from activity 2 into English.**

💬 Hablar

4 **Haz una presentación oral sobre tus planes para el futuro. Menciona:**
- tu trabajo ideal
- **tres** ventajas y **una** desventaja de este trabajo
- lo que tendrás que hacer para conseguir este trabajo en el futuro
- una experiencia laboral reciente.

✏ Escribir

5 **¿Eres cinéfilo/a? Escribe un párrafo en español y menciona:**
- la última película que viste y tu opinión
- si prefieres ver películas en el cine o en casa y por qué
- tu próxima visita al cine.

Mi lista de logros

I can...

3.1 Generación digital

- ☐ say how I use the Internet and social media
- ☐ use a greater range of negative expressions
- ☐ say how often I do a range of online activities

- ☐ talk about my favourite apps

- *veo vídeos, juego videojuegos por Internet*
- *nadie, ya no, tampoco*
- *siempre descargo música, a veces hago compras por Internet*
- *mi aplicación favorita es..., lo bueno es...*

3.2 ¿Qué ponen en la televisión?

- ☐ name at least eight types of programme
- ☐ say at what time I watch programmes
- ☐ use *acabar de* + infinitive
- ☐ say what devices I use to watch programmes

- *una serie, unos dibujos animados...*
- *a las ocho, veo mi telenovela favorita*
- *acabamos de ver* Pasapalabra
- *uso varios dispositivos: tableta, móvil...*

3.3 ¿En el cine o en casa?

- ☐ name at least eight different film genres
- ☐ give impressive opinions about a film I have seen
- ☐ use the structures *lo mejor* and *lo peor*
- ☐ describe my favourite film

- *una película de ciencia ficción, de miedo...*
- *es predecible, sangrienta, impactante...*
- *lo mejor/peor de la película es...*
- *me hace reír, me da miedo...*

3.4 Somos melóman@s

- ☐ name at least eight musical instruments
- ☐ use the expression *desde hace*
- ☐ name some traditional Hispanic instruments
- ☐ make comparisons using *preferir... a...*
- ☐ say what app I use to listen to music

- *el violín, la guitarra, la flauta...*
- *toco el piano desde hace tres meses*
- *la gaita, la pandereta...*
- *prefiero la música pop a la música rap*
- *uso Spotify/YouTube...*

3.5 Mis intereses personales

- ☐ talk about how I manage my online profile
- ☐ use *ser* and *estar* accurately
- ☐ describe the pros and cons of social networks

- *cambio mi estado, doy muchos 'me gusta'...*
- *es interesante, está cerca, estoy triste...*
- *estoy obsesionado/a, estoy en contacto con*

3.6 Quiero ser...

- ☐ name at least ten different types of jobs
- ☐ use the future tense (regular verbs)
- ☐ give a range of opinions about jobs
- ☐ talk about future plans

- *médico, cocinero, piloto, profesor...*
- *trabajaré, será, iremos...*
- *el sueldo es bajo, me da libertad...*
- *estudiaré idiomas, trabajaré en un hospital...*

Vocabulario

3.1 Generación digital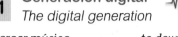
The digital generation

descargar música	to download music
gastar batería	to waste/use battery
hacer la compra por Internet	to do the shopping online
jugar a videojuegos	to play video games
llamar por videollamada	to make a video call
sacar fotos	to take photos
subir fotos	to upload photos
ver vídeos	to watch videos

la aplicación/la app	application ('app')
las compras	shopping
la conexión wifi	Wi-Fi connection
la cuenta	account
el navegador	sat-nav
la radio digital	digital radio
el supermercado virtual	virtual/online supermarket
la tableta	tablet

3.2 ¿Qué ponen en la televisión?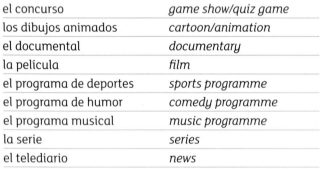
What's on television?

el concurso	game show/quiz game
los dibujos animados	cartoon/animation
el documental	documentary
la película	film
el programa de deportes	sports programme
el programa de humor	comedy programme
el programa musical	music programme
la serie	series
el telediario	news
la telenovela	soap opera

a la carta	on demand
el canal	channel
el capítulo	episode, chapter
el dispositivo	device
la experiencia	experience
hacer un maratón de	to binge-watch
la programación	TV guide/schedule
la variedad	variety

3.3 ¿En el cine o en casa?
In the cinema or at home?

una película...	a... film
cómica	comedy
de aventuras	adventure
de ciencia ficción	science fiction
de dibujos animados	animated
de miedo	horror
de misterio	mystery
del oeste	western
musical	musical
romántica	romantic

cautivador(a)	captivating
complejo/a	complex
decepcionante	disappointing
entretenido/a	entertaining
espeluznante	terrifying

impactante	striking
mejor	better/best
memorable	memorable
nuevo/a	new
peor	worse/worst
predecible	predictable
profundo/a	deep, insightful
sangriento/a	gory
triste	sad

me da miedo	it scares me
me hace pensar	it makes me think
me hace reír	it makes me laugh

3.4 Somos melóman@s
We're music lovers

los instrumentos	*instruments*
la música	*music*
tocar	*to play (an instrument)*
la batería	*drums*
la flauta	*flute*
la gaita	*bagpipes*
la guitarra	*guitar*
la pandereta	*tambourine*
el piano	*piano*
la trompeta	*trumpet*
el violín	*violin*
el/la artista	*artist, performer*
la banda	*band/group*
el/la cantante	*singer*
el concierto	*concert*
el/la melómano/a	*music lover*
la pasión	*passion*

3.5 Mis intereses personales
My personal interests

los datos personales	*personal data*
el estado	*status*
la obsesión	*obsession*
el perfil de Internet	*Internet profile*
la red social	*social network*
la tendencia	*trend*
el tuit	*tweet*
cambiar mi estado	*to update/change my status*
comentar las fotos	*to comment on photos*
dar 'me gusta'	*to 'like' (e.g. a photo)*
hacer vídeos en directo	*to make live videos*
leer las noticias	*read the news*
estar de moda	*to be in fashion/fashionable*
estar bien informado/a	*to be well informed*
estar obsesionado/a	*to be obsessed*
poner efectos	*to add effects*
poner filtros	*to add filters*
subir selfis	*to upload selfies*

3.6 Quiero ser...
I want to be...

el/la actor/actriz	*actor/actress*
el/la arquitecto/a	*architect*
el/la bibliotecario/a	*librarian*
el/la bloguero/a	*blogger*
el/la carnicero/a	*butcher*
el/la científico/a	*scientist*
el/la cocinero/a	*chef*
el/la dentista	*dentist*
el/la electricista	*electrician*
el/la enfermero/a	*nurse*
el/la escritor(a)	*writer*
el/la fontanero/a	*plumber*
el/la fotógrafo/a	*photographer*
el/la granjero/a	*farmer*
el/la jugador(a) de fútbol	*football player*
el/la mecánico/a	*mechanic*
el/la médico	*doctor*
el/la pescadero/a	*fishmonger*
el/la piloto (de avión)	*pilot*
el/la policía	*police officer*
el/la profesor(a)	*teacher*
el/la recepcionista	*receptionist*
el/la secretario/a	*secretary*
el/la jefe/a	*boss*
la libertad	*freedom*
el sueldo	*salary*
agradable	*pleasant*
estimulante	*stimulating*
exigente	*demanding*
gratificante	*satisfying*

> You'll find more useful vocabulary on pages 6–7 and in the glossary at the back of this book.

Esto es lo que llevo

🎧 Escuchar

1 〰 Escucha a los estudiantes (1–4) y escribe las tres letras (a–m) que menciona cada uno. ¿Qué letras no se mencionan?

a   unos pantalones
b   una camisa
c   una camiseta
d   una chaqueta
e   unos vaqueros
f   una corbata
g   un vestido
h   una falda
i   un jersey
j   una gorra
k   unos calcetines
l   unos zapatos
m   unas zapatillas de deporte

📖 Leer

2 Lee sobre la ropa que llevan al instituto de José y Eva. Decide si las frases (a–f) describen a José (J), Eva (E) o a los dos (J+E).

José

Voy a un instituto público. Aquí no llevamos uniforme, pero las reglas sobre la ropa son estrictas. No es recomendable llevar vaqueros o camiseta. Normalmente llevo un jersey azul, unos pantalones azules y unos zapatos marrones. Cuando tengo educación física, llevo unas zapatillas de deporte amarillas y negras que detesto.

Eva

Voy a un instituto privado. Llevo un uniforme muy elegante... ¡me encanta! Llevo una camisa blanca. También suelo llevar una falda negra, pero a veces llevo pantalones. Nunca llevo vestido o jersey al instituto... ¡no está permitido! Los profesores se enfadan mucho si el uniforme de cada estudiante no está perfecto.

a   Es obligatorio llevar uniforme.
b   Las reglas sobre lo que llevan los estudiantes son severas.
c   Suelo llevar un jersey.
d   Es posible llevar pantalones.
e   ¡Me chifla mi uniforme!
f   Odio mis zapatillas.

⬍ Traducir

3 Translate José's text from activity 2 into English, from *Normalmente llevo un jersey...*

ℹ ¡Cultura!

In Spain, the majority of schools do not have a school uniform. In private schools, however, uniforms are more common.

🎧 Escuchar

4 〰 **Listen to four people discussing clothes. Complete the table in English, with two items of clothing per person.**

	Two items of clothing
Pilar	*blue shirt and...*
Jaime	
Fernando	
Gloria	

5 〰 **Escucha otra vez. Escribe la opinión de cada persona (Pilar, Jaime, Fernando y Gloria).**

✏ Escribir

6 **Contesta las preguntas en español. Añade colores y una opinión.**

- ¿Qué **llevas** normalmente en el instituto? *Llevo...*

- ¿Qué ropa **llevaste** el fin de semana pasado? *Llevé...*

- ¿Qué ropa **llevarás** en tu fiesta de cumpleaños? *Llevaré...*

💬 Hablar

7 **Habla con un(a) compañero/a. Pregunta y responde a las preguntas de la actividad 6.**

Aa Gramática

p.88; WB p.42

Demonstrative adjectives

this	*este/a*
these	*estos/estas*

that	*ese/esa*
those	*esos/esas*

that (over there)	*aquel/aquella*
those (over there)	*aquellos/aquellas*

These adjectives change in gender (masculine or feminine) and number (singular or plural) according to the noun they are describing.

*est**a** falda*	this skirt
ese jersey	that jumper
*aquel**la** camiseta*	that t-shirt (over there)
*est**os** vestidos*	these dresses

C Patrones y reglas

Present
llevo, llevas, lleva ...

Preterite
llevé, llevaste, llevó ...

Near future
voy a llevar, vas a llevar, va a llevar ...

Simple future
llevaré, llevarás, llevará ...

⚙ Estrategia

Managing your time in exams
To avoid feeling rushed, try to:

- complete exam-style tasks beforehand
- keep up a good pace and avoid distractions
- practise writing quickly (but clearly!)
- check your work carefully
- for writing tasks, plan your answer first.

Estrellas con estilo

Objectives

- Describing fashion in greater detail
- Forming the present continuous tense
- Researching a famous Hispanic person

🎧 Escuchar

1 〜 **Listen to an interview with six young people who are discussing the outfits they wear. Complete the English text with the correct details.**

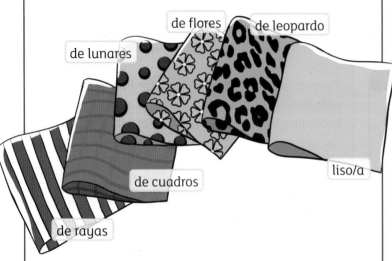

de flores
de leopardo
de lunares
de cuadros
liso/a
de rayas

At home, **Manuel** wears red striped pyjamas and **1**_____ socks.

At school, **Carolina** wears a **2**_____ black skirt and a white shirt.

Last **3**_____, **Vicente** went to a restaurant and wore a **4**_____ t-shirt and orange trousers.

When she goes to the cinema, **Carmen** usually wears blue **5**_____ and a blouse with a print.

To go **6**_____, **Jonás** is going to wear a striped jumper and comfortable **7**_____.

When **Verónica** visited her **8**_____, she wore a purple and **9**_____ checked dress and a **10**_____ belt.

❗ ¡Atención!

When describing clothes in detail, remember to put patterns and adjectives such as colours, sizes and styles *after* the item of clothing (e.g. *un jersey **de rayas***).

📖 Leer

2 **Lee la lista de adjetivos. Empareja el español (1–6) con el inglés (a–f).**

1	largo	**a**	baggy, loose
2	corto	**b**	smart, stylish
3	estrecho	**c**	short
4	amplio	**d**	tight
5	elegante	**e**	tacky
6	hortera	**f**	long

💬 Hablar

3 **Rosalía es una cantante famosa. Describe lo que lleva en la foto. Usa las palabras de las actividades 1 y 2 para ayudarte.**

> En la foto, Rosalía lleva..

⚙️ Estrategia

Researching a famous Hispanic person

Find out more about Rosalía. Why is she famous? What do you think of her music? What does she usually wear? What is your opinion about her?

✛ Traducir

4 **Traduce las frases (a–c) al español usando el verbo que está entre paréntesis (*in brackets*) en presente continuo.**

a Rosalía is promoting her music on social media. (*promocionar*)

b My friends are listening to Rosalía on the radio. (*escuchar*)

c Rosalía is travelling to France to sing at a festival. (*viajar*)

> **Aa Gramática** p.88; WB p.43
>
> **The present continuous tense**
>
> The present continuous is used to describe an action in progress. It is formed by combining the verb *estar* in the present tense with the present participle.
>
> | | |
> |---|---|
> | *estoy habl**ando*** | *está escrib**iendo*** |
> | *estás com**iendo*** | *estamos viaj**ando*** |

📖 Leer

5 **¿Quién es quién? Lee las descripciones de las fotos y decide a quién corresponden.**

1 Esta mujer talentosa prefiere la ropa de deporte. En la foto lleva una camiseta azul, amarilla y roja muy estrecha. ¡Siempre está haciendo deporte!

2 Este deportista de Mallorca siempre lleva ropa amplia. En la foto, lleva unos pantalones cortos, una camiseta roja muy cómoda, y una cinta para el pelo. También está celebrando una victoria.

3 Este actor español siempre lleva el color negro; es su color favorito. Su estilo es moderno. En la foto, lleva una camisa lisa negra, unos pantalones estrechos y una falda. Me chifla su estilo.

4 Esta actriz cubana lleva un vestido muy largo. Siempre lleva ropa muy elegante. A veces lleva camisetas estampadas, zapatos de muchos colores y blusas lisas. En este momento está preparando una película de terror.

una cinta para el pelo   a headband

a Ana de Armas

b Rafael Nadal

c Lidia Valentín

d Álex García

✛ Traducir

6 **Translate the first pararaph of activity 5 into English.**

✎ Escribir

7 **Busca en Internet una foto de una persona famosa del mundo hispano. Describe lo que lleva y da tu opinión. Usa los textos de la actividad 5 para ayudarte.**

De tiendas

Objectives

- Talking about shopping on the high street
- Using indefinite adjectives
- Taking the initiative in conversation

📖 Leer

1 Empareja las tiendas (1–8) con los dibujos (a–h).

1 una panadería
2 una carnicería
3 una pescadería
4 una papelería
5 una frutería
6 una tienda de ropa
7 una tienda de regalos
8 una tienda de disfraces

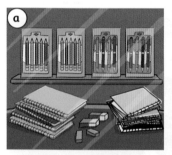

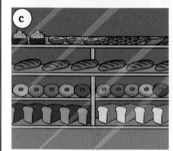

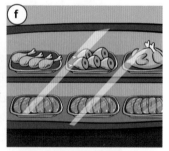
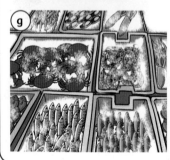

🎧 Escuchar

2 〰 Escucha a las personas (1–6) y recomienda una tienda (a–h) para cada una.

Ejemplo: **1 g** *pescadería*

📖 Leer

3 Read about Sara's busy shopping day and complete the table in English.

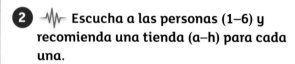

¡Hoy tengo un día de locos! Tengo que ir de compras a muchas tiendas. Primero, iré a mi tienda de ropa favorita, Zara, para mirar la sección de joyería y complementos. Luego, tengo que ir a la pescadería a comprar salmón fresco. Después, iré a una tienda de disfraces porque necesito alquilar una máscara y un sombrero amarillo. Además, tengo que ir a la papelería porque necesito comprar un estuche nuevo. Me gustaría ir a otras tiendas, pero ¡no tengo tiempo!

mirar	to browse
joyería	jewellery
complementos	accessories
alquilar	to hire

Shop	Reason
	to browse the jewellery and accessories
fishmonger's	
fancy dress shop	

📖 Leer

4 Lee el folleto sobre una zona comercial de Madrid. Lee las frases (a–f) y decide si son verdaderas (V), falsas (F) o no mencionadas (NM).

Hay muchas calles comerciales en Madrid. La calle Preciados y la Gran Vía son calles muy importantes. Normalmente las tiendas abren a las nueve de la mañana y cierran a las ocho y media o las nueve de la noche. Casi todas las tiendas de estas calles están abiertas a la hora de comer. Pero, en ciertos pueblos y aldeas, los supermercados y las tiendas no abren los domingos, y cierran a la hora de comer, entre las tres y las cinco de la tarde.

En el centro de Madrid hay varias zapaterías y perfumerías. También hay muchas tiendas de ropa española, como Zara y Mango, y otras tiendas internacionales. Además, hay tiendas de música, chocolaterías, y también restaurantes y bares famosos.

a Hay dos calles comerciales en Madrid: la calle Preciados y la Gran Vía.

b Normalmente, las tiendas en la calle Preciados y la Gran Vía abren a las nueve de la noche.

c En ciertos pueblos y aldeas, las tiendas cierran los domingos.

d No es recomendable ir de compras en los pueblos y aldeas de tres a cinco de la tarde.

e En el centro de Madrid hay una gran variedad de tiendas.

f No hay restaurantes vegetarianos en Madrid.

💬 Hablar

6 Usa tu respuesta de la actividad 5 para describir a un(a) compañero/a tu día de compras el fin de semana que viene.

Ejemplo:

– *¿Adónde irás de compras este fin de semana?*
  Primero, iré a la tienda de ropa.

– *¿Por qué?*
  Porque quiero unas zapatillas.

– *¿Adónde irás después?*
  Después, iré a...

ℹ️ ¡Cultura!

Created in 1975 in the northern Spanish region of Galicia, **Zara** is the world's largest clothing retailer. There are more than 2,200 Zara stores in 96 countries. It was founded by Amancio Ortega, now one of the world's richest men.

Aa Gramática

p.89; WB p.44

Indefinite adjectives

See page 145 for a table showing common indefinite adjectives such as *mucho, poco* and *todo*. They are placed before the noun they describe. They must agree with the noun!

- *Tengo **muchos** libros.*
- *Hay **varias** tiendas.*
- *En **ciertas** ciudades...*

✏️ Escribir

5 Tienes que ir de compras el fin de semana que viene. Escribe un párrafo y menciona:

- al menos cinco tiendas que visitarás
- por qué tienes que ir a esas tiendas
- tu tienda favorita y por qué.

⚙️ Estrategia

Taking the initiative in conversation

Ask simple questions, such as *¿Y tú?* Taking charge can help you keep the conversation in an area you feel more confident with.

En el centro comercial

Objectives

- Visiting a shopping centre
- Using cardinal and ordinal numbers
- Making regular cultural references

📖 Leer

1 Lee las descripciones en inglés (a–f), luego mira el dibujo. Elige una planta (Planta baja, Primera planta...) para cada descripción.

a sportswear and equipment
b toys
c rooftop and terrace with views of the city

d travel agency
e home and decoration: furniture and rugs
f electronics

5 **Quinta planta**
- Cafetería y restaurante
- Azotea y terraza con vistas a la ciudad

4 **Cuarta planta**
- Moda y material deportivo
- Agencia de viajes

3 **Tercera planta**
- Hogar y decoración: muebles y alfombras
- Juguetería

2 **Segunda planta**
- Moda mujer, joyería y complementos
- Perfumería

1 **Primera planta**
- Zapatería
- Moda hombre, relojería y complementos

B **Planta baja**
- Alimentación: supermercado
- Electrónica: imagen y sonido

Fruta

¡Cultura!

El Corte Inglés is the most popular department store in Spain. Founded in 1940, it offers a wide range of products, such as music, books, electronics, furniture, hardware, clothes, groceries and gourmet food.

 Escuchar

2 Mira otra vez el dibujo de la actividad 1. Escucha a los jóvenes (a–e) y escribe la planta apropiada para cada uno.

Aa Gramática

Cardinal and ordinal numbers

Cardinal numbers are generally for counting (1, 2, 3…) and ordinal numbers are adjectives (first, second, third…).

Cardinal numbers		Ordinal numbers	
one	*uno*	first	*primero*
two	*dos*	second	*segundo*
three	*tres*	third	*tercero*
four	*cuatro*	fourth	*cuarto*
five	*cinco*	fifth	*quinto*

Spanish ordinal numbers agree with the nouns they are describing in both gender and number. They are also usually placed before the noun.

- *La primera semana de mis vacaciones fue aburrida.*

 Estrategia

Making regular cultural references

Try to add authentic cultural references that make what you say more interesting. When completing activity 4 or 5, try imagining that you're in Spain. You could include real shops and brands in your answers, such as El Corte Inglés or Zara.

Leer

3 ¿Dónde prefieren comprar estas personas? Lee las opiniones (a–d) y escribe tienda (T), centro comercial (C) o Internet (I).

a ¡Hay tanta variedad! Y todo está cerca: la ropa, la comida, los complementos, la cafetería… ¡También hay un cine!

b Me encanta hacer la compra en la cama los domingos por la mañana. Es fácil y barato, ¡y en dos o tres días tengo la compra en casa!

c Aunque el horario no es muy flexible y a veces cierran los domingos, prefiero comprar aquí, porque la atención es más personalizada.

d Me parece muy conveniente porque solo tengo que hacer clic con el ratón desde mi casa. Además, hay buenas ofertas en línea.

Escribir

4 ¿Dónde prefieres comprar? ¿En las tiendas pequeñas, los centros comerciales, o por Internet? Escribe unas 50 palabras y justifica tu respuesta.

Hablar

5 ¿Dónde prefieres ir de compras? Usa tu respuesta de la actividad 4 para contestar la pregunta oralmente. Haz un sondeo entre cinco compañeros/as y completa la tabla.

Nombre	Tiendas pequeñas, centros comerciales o Internet	¿Por qué?
David	Internet	barato, conveniente

¡Es imposible comprar así!

Objectives

- Dealing with problems when shopping
- Using direct object pronouns
- Reacting to the unpredictable

🎧 Escuchar

1 〰️ Listen to the conversations (1–4) between customers and a shop assistant and complete the table with the correct information.

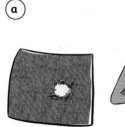    

(a) (b) (c) (d) (e)

| ¡Tiene un agujero! | ¡No funciona! | ¡Es demasiado pequeño! | ¡Y este demasiado grande! | ¡No me queda bien! |

	Item	Problem (a–e)	Exchange or refund?
1			
2			
3			
4			

Soluciones

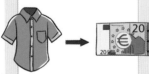

Quiero un reembolso

Quiero cambiarlo/la

Tique

camisa roja 30,00
zapatos 45,00
TOTAL 75,00

0002225564621527830000Z

¿Tiene el tique?

💬 Hablar

2 Lee los diálogos, y luego, con un(a) compañero/a, adáptalos, cambiando las palabras subrayadas por tu propia información.

> Hola, tengo un problema. <u>Esta camiseta tiene un agujero.</u>

> ¿En serio? ¡Lo siento mucho!

> Quiero <u>cambiarla</u>.

> ¿Tiene el tique?

> Pues... <u>¡no lo tengo!</u>

> Entonces, <u>no es posible.</u>

> Vale, gracias.

⬆️ ¡Arriba, arriba!

Make your conversation more natural by using the following expressions:

pues...	well...
lo siento	I'm sorry
vale	OK
sin problema	no problem
¿en serio?	really?
a ver...	let's see...

Estrategia

Reacting to the unpredictable

- Fill in any gaps in conversation and give yourself some thinking time by using *pues, es que, bueno, mira...*

- Try to guess the type of questions you may receive.

Aa **Gramática**

p.89; WB p.45

Direct object pronouns

me	me	nos	us
te	you (singular)	os	you (plural)
lo/la	it, him/her	los/las	them

Look at the position of the pronouns in the examples below.

The pronoun can be placed **before** a conjugated verb:

- *Compré **una falda.** → **La** compré.*
  I bought **a skirt**. → I bought **it**.

- *Tengo tres **vestidos.** → **Los** tengo.*
  I have three **dresses**. → I have **them**.

...Or at the **end** of an infinitive:

- *Quiero cambiar **estos zapatos.** → Quiero cambiar**los.***
  I want to exchange **these shoes**. → I want to exchange **them**.

⇕ **Traducir**

3 **Traduce las frases (a–e) al español.**

a   I am going to visit a very big shopping centre with my friends.

b   We are going to buy so many clothes!

c   Last week, I bought a very cool spotty t-shirt.

d   I bought a cap. It really suits me.

e   I will exchange these trousers. They are very big.

 Leer

4   ⎓ **Read this extract from a short story by Irene Hernández. Then choose the <u>five</u> correct statements.**

Pedro y el centro comercial

Un día, Pedro, sus padres y su hermana fueron al centro comercial a hacer unas compras. "Pedro, ¡no toques eso! Pedro, ¡estáte quieto!" le decían sus padres continuamente.

Toda la familia fue al restaurante a comer pizza y Pedro continuó haciendo el tonto.

Después de comer, fueron al cine y Pedro dijo: "¡Mamá! ¡Mamá! ¡Necesito ir al baño!"

"Espérate un poquito y vamos todos" le contestó su madre.

Pedro se escapó de la sala y se fue él solo por todo el centro comercial a uno de los baños. Y ¡se quedó encerrado dentro! Pedro empezó a sentir mucho miedo y pánico. "¿Cómo me van a encontrar?" pensó.

Al final, sus padres tuvieron que buscar a un guardia de seguridad y por fin lo encontraron encerrado en aquel baño. Cuando Pedro vio a sus padres, les prometió que nunca más sería tan travieso.

¡no toques eso!	don't touch that!
¡estáte quieto!	be quiet!
hacer el tonto	to play the fool
encerrado	locked
el miedo	fear
encontrar	to find
travieso	naughty

a   Four members of the family went to the shopping centre.

b   Pedro was acting silly in the restaurant.

c   In the restaurant, Pedro asked to go to the toilet.

d   Pedro got locked in the toilet.

e   He knew he would be quickly found.

f   His parents had to ask for a security guard's help.

g   He promised he would never be so naughty again.

Si ganara la lotería...

📖 Leer

1 Empareja las frases (1–5) con los dibujos (a–e).

Si ganara la lotería...

1 iría a la peluquería y cambiaría de peinado
2 compraría un montón de ropa de marca
3 viajaría por todo el mundo
4 me mudaría a una mansión
5 tendría un teléfono móvil de lujo.

a

b

c

d

e

Aa Gramática

The conditional

The conditional is usually translated as 'would'. To form the conditional, add the following endings to the infinitive form of –ar, –er and –ir verbs.

I	–ía
you (singular)	–ías
he/she/it	–ía
we	–íamos
you (plural)	–íais
they	–ían

comprarías	you would buy
llevaríamos	we would wear
venderían	they would sell

Note that the irregular verbs in the future tense are also irregular in the conditional.

tendría	I would have
podrías	you could
haría	he/she would do

🎧 Escuchar

2 〰 Escucha a estos jóvenes hablar de lo que harían si ganaran la lotería. Completa la tabla con lo que comprarían.

billete   ticket

	Comprarían...
Lorena	*extensiones*
Raúl	
Máximo	
Gabriela	
Seeta	

📖 Leer

3 Read Leo's statements and complete sentences a–f with the correct information.

Los castillos en el aire (*pipe dreams*) de Leo

Gastaría dinero en un coche cuatro por cuatro para viajar por todo el mundo. Compraría la ropa más guay y cada día llevaría un par de zapatillas diferente.

Me encantan los animales. Donaría un millón de euros a una organización ecologista para ayudar a los animales en peligro de extinción.

Saldría de fiesta todo el fin de semana con mi hermanastro, Diego. También iríamos a cenar a una pizzería y comeríamos todos los tipos de pizza y los postres.

Tendría un campo de fútbol en mi jardín. Compraría todo el equipamiento para tener mi propio equipo de fútbol con mis amigos. Mi equipo se llamaría 'Real Leo balompié'.

a Leo would buy a 4x4 car so he could...

b Every day he would wear...

c He would like to help animals that are...

d Leo would go out partying with...

e In his garden, Leo would have a...

f *Real Leo balompié* would be...

💬 Hablar

4 ¿Qué harías tú si ganaras la lotería? Habla con un(a) compañero/a.

Ejemplo: Daría la vuelta al mundo en barco.

Compraría...   Viviría en...

Viajaría a...   Donaría dinero a...

Ayudaría a...

⬆ ¡Arriba, arriba!

Use these impressive expressions to start sentences describing what you would do:

si ganara la lotería	if I were to win the lottery
si fuera millonario/a	if I were a millionaire
si pudiera	if I could
si fuera posible	if it were possible

✏ Escribir

5 Escribe un párrafo en español sobre lo que harías si ganaras diez millones de euros. Usa los verbos y tus respuestas de la actividad 4.

Si ganara la lotería...

⚙ Estrategia

Understanding different registers

Units 3 and 4 have examples of informal language (see page 60), factual pieces (page 65), formal dialogues (page 82), short stories (page 83) and opinion pieces (this page!). Look back at some of the activities you have completed and note how the style of language in Spanish differs.

¡Zona cultura!
Tendencias y tradiciones a la moda

¡Ya es primavera!

Todos los años, en marzo o abril, El Corte Inglés tiene anuncios en la televisión y en la calle o las paradas de autobús para vender la nueva ropa para la primavera.

🎧 Escuchar

1 〰 **Listen to three El Corte Inglés adverts and complete the sentences in English with the correct information.**

a This year we have **1**_____ blouses, colourful shorts and beach sandals in our shop in Plaza Cataluña, in the **2**_____ of Barcelona.

b There are lots of discounts on bikinis and holiday clothing. You will love our **3**_____ print t-shirts! We also have great value hats and **4**_____.

c We have long, short, **5**_____ and checked dresses. Our skinny jeans are fashionable and fabulous! Pop into our shop on Calle Serrano in Madrid to see the full **6**_____.

✏️ Escribir

2 Escribe tu propio anuncio. Empieza el anuncio con la frase '¡Ya es primavera!' y describe la nueva ropa que está a la venta.

💬 Hablar

3 Presenta tu anuncio a la clase, copiando el estilo de los anuncios de la actividad 1.

📖 Leer

4 Lee este folleto sobre la ropa tradicional de una región de México. Contesta las preguntas (a–e) en español.

¡EL HERMOSO TRAJE TRADICIONAL DE JALISCO!

En la región mexicana de Jalisco, la ropa tradicional es especialmente bonita:

Chicos

El traje típico de Jalisco masculino se llama *traje de charro*. El charro es una persona que trabaja en los ranchos o haciendas.

El traje de charro consiste en una chaqueta muy corta y estrecha. Normalmente tiene decoraciones brillantes de oro o plata y botones grandes.

Además, los charros llevan sombreros enormes y pantalones largos. Solo los colores oscuros están permitidos.

Chicas

El traje de las mujeres incluye un vestido largo de una sola pieza.

Este vestido tiene unos volantes en la parte superior en forma de V, y también en la inferior, que es bastante amplia. Aunque este traje es de un solo color, la falda tiene cintas de colores.

Las mismas cintas se usan para decorar el pelo de las chicas.

volantes	frills
cintas	strips

a ¿**Qué** es un 'charro'?
b ¿**Cómo** es la chaqueta del charro? (**2**)
c ¿**Qué tipo** de colores están permitidos?
d ¿**Dónde** están los volantes del traje de las mujeres? (**2**)
e ¿**Qué otro uso** tienen las cintas?

⇕ Traducir

5 Translate the text from activity 4 into English, from *El traje de charro...* to *están permitidos*. You don't need to translate the word *charro*.

✏️ Escribir

6 Lee la lista de trajes tradicionales. Selecciona un ejemplo y busca más información en Internet y luego completa el perfil en español.

La ropa típica de...

- flamenco
- las fallas
- Chimaltenango
- los taquileños
- las palanqueras.

Nombre de la ropa:

Nacionalidad y región:

Descripción de la ropa:

Opinión personal:

Labo-lengua

Aa Gramática

🖥 Demonstrative adjectives

A demonstrative adjective makes clear which specific person, place, or thing is being referred to. It can also give an idea of relative distance from the speaker (*ese, aquel*).

this	este/esta
these	estos/estas

that	ese/esa
those	esos/esas

that (over there)	aquel/aquella
those (over there)	aquellos/aquellas

Demonstrative adjectives change in gender (masculine or feminine) and number (singular or plural) according to the noun they are describing.

este coche	this car
esta chica	this girl
esa casa	that house
aquella montaña	that mountain (over there)
estos pantalones	these trousers

1 Read sentences a–f and translate the demonstrative adjective in brackets into Spanish. Check you have the correct number and gender!

a No me gusta (*this*) falda. Prefiero (*that over there*) vestido.

b Voy a comprar (*that*) jersey azul. Es más bonito que (*those over there*) camisetas.

c No me gustan nada (*those*) zapatillas.

d ¿Vais a ir a (*those over there*) tiendas, o a (*that*) centro comercial?

e La semana pasada llevé (*this*) gorra a la fiesta. Mañana llevaré (*these*) calcetines.

f En mi opinión, (*that*) sofá es muy feo.

Aa Gramática

🖥 The present continuous tense

The present continuous is used to describe an action in progress. It is formed by combining the verb *estar* in the present tense with the present participle.

estar	**to be**
estoy	I am
estás	you (singular) are
está	he/she/it is
estamos	we are
estáis	you (plural) are
están	they are

The present participle, also called the 'gerund', is the –ing form of the verb. To form the present participle of regular –ar verbs, remove the –ar and add –ando to the stem of the verb. To form the present participle of regular –er and –ir verbs, remove the ending and add –iendo.

estás habl**ando**	you are talking
estamos beb**iendo**	we are drinking
están sal**iendo**	they are going out

There are a number of irregular present participles: see page 143.

2 Change the infinitive in each of the sentences into the correct form of the present continuous tense, using the verb *estar* and the present participle.

a Shakira _____ en el estadio. *(cantar)*

b Mis primas _____ unas sandalias. *(comprar)*

c ¿Vosotros _____ la tele ahora? *(ver)*

d Nosotros nos _____ en el salón. *(relajar)*

e Mientras yo _____ al ajedrez, mis abuelos _____ en la piscina. *(jugar) (nadar)*

Aa Gramática

🖥 Indefinite adjectives

The following adjectives are placed before the noun they describe. They must also agree with the noun. Note that *varios/as* (several) only exists in the plural form.

English	Masculine	Feminine
some	*algún/alguno(s)*	*alguna(s)*
a lot of	*mucho(s)*	*mucha(s)*
certain	*cierto(s)*	*cierta(s)*
other	*otro(s)*	*otra(s)*
few	*poco(s)*	*poca(s)*
all	*todo(s)*	*toda(s)*
several	*varios*	*varias*

- *Hay **muchos** restaurantes en Madrid.*
- *¿Tienes esta camisa en **otros** colores?*
- ***Todas** las series en Netflix son interesantes.*

3 Rewrite the sentences in the correct order.

a Algún... a Cuba iré día
b Ayer... compró muchas Patricia camisetas
c Tengo... en el armario los sombreros todos
d En... pocos venden vestidos esa tienda
e Hay... en mi barrio problemas ciertos
f Lidia... otras va a comprar botas

Pronunciación: *g*

〜〜 🎞 The Spanish 'g' has two distinct sounds. When it comes directly before 'a', 'o', or 'u', it sounds very similar, though slightly softer, than the English 'g' heard in words like 'go'.

When the 'g' precedes 'i' or 'e', it sounds just like the Spanish letter 'j' in words such as *jamón*.

| ele*g*ante | *g*uay | *g*orra | re*g*ión | *g*enerosa |

4 〜〜 Try saying the following: 'Miguel no tiene canguelo y guarda sus guirnaldas en un genial armario gélido'.

Aa Gramática

🖥 Direct object pronouns

me	me
te	you (singular)
lo/la	it, him/her
nos	us
os	you (plural)
los/las	them

In Spanish, a direct object pronoun is placed **before** the conjugated verb. It can also be attached to the **end** of an infinitive or present participle/gerund. Note that the direct object pronoun must always agree (masculine, feminine, or plural) with the noun it replaces.

- *Ayer comí **una hamburguesa**. Ayer **la** comí.*
  Yesterday I ate **a hamburger**.
  Yesterday I ate **it**.

- *Voy a hacer **las camas**. **Las** voy a hacer / Voy a hacer**las**.*
  I am going to make the **beds**. I am going to make **them**.

- *Mi amigo está comprando **un jersey**. Mi amigo está comprándo**lo** / Mi amigo **lo** está comprando.*
  My friend is buying **a jumper**. My friend is buying **it**.

5 Rewrite sentences a–f, replacing the direct object with the correct pronoun (***lo, la, los, las***).

a Si ganara **la lotería**, compraría una casa.
b Mis amigas van a comprar **unas chaquetas**.
c La camisa tiene **un agujero**.
d Mis padres quieren ver **los documentales**.
e ¿Tienes **el tique**?
f Necesito **dos lápices**.

El podio de los campeones

1 📖 **Read the three tweets then the statements (a–f). Decide whether each statement refers to Fabio, Lucía or Ana.**

@fabio2255

Hoy voy a comprar una chaqueta de lunares en mi tienda favorita, #zara. Me encanta el verano porque es posible llevar ropa simple y divertida como camisetas estampadas y pantalones cortos muy cómodos.

@lucía98

Me encanta la tenista española Garbiñe Muguruza. Cuando no está jugando al tenis, lleva vestidos muy elegantes. Voy a copiar su estilo este fin de semana porque voy a ir a una fiesta sorpresa.

@Ana_lamodamola

Fui a El Corte Inglés ayer y compré unas zapatillas de deporte y una camiseta de marca. Tengo un estilo bastante deportista y no me importa gastar mucho dinero en ropa y complementos.

a I have quite a sporty style.
b I'm going to dress just like her this weekend.
c I really like t-shirts with prints on.
d I prefer designer clothing.
e I like spotted designs.
f I'm going to a surprise party.

2 ✏️ **Write a status update in Spanish about clothes and fashion. Mention:**

- what you are going to wear this weekend
- your favourite clothes shop and the reasons why
- some details about your personal style.

3 📖 **Lee el folleto sobre ir de compras en Sevilla y completa las frases en inglés con la información correcta.**

Read the leaflet about shopping in Seville and complete the sentences that follow in English with the correct information.

> Ir de compras por Sevilla es un placer. Hay tiendas de todo tipo, con marcas internacionales y productos locales. Recomendamos que empieces tu visita en la Plaza del Duque. Ahí están El Corte Inglés y otras tiendas grandes. Luego, cerca de la Plaza Nueva, encontrarás muchas otras calles comerciales.
>
> Las calles Sierpes y Tetuán son zonas peatonales. ¡Ir de compras por allí es divertido porque las calles son muy amplias! Verás las tiendas de moda más conocidas como Mango, Zara, MaryPaz y Bershka. Además, lo bueno es que en esta zona hay varias tiendas tradicionales. ¡Las calles pequeñas a veces están llenas de sorpresas!

zonas peatonales   pedestrian areas

a Shoppers in Seville should start their visit in...
b There are many other shopping streets near...
c Two streets, Sierpes and Tetuán, are...
d Shopping in this area is fun because...
e Here, there are clothes shops such as...
f The good thing about this area is that...
g Small streets are sometimes...

4 ⬌ **Traduce el primer párrafo desde *Ir de compras por...***

Translate the first paragraph from *Ir de compras por...*

Oro

5 📖 **Lee el blog de Bibiana sobre el dinero y la responsabilidad social.
Decide si las frases son verdaderas (V), falsas (F) o no mencionadas (NM).**

www.BibianaAroundSpain.es

Si yo ganara la lotería, primero iría de vacaciones a Cuba por un mes. Saldría de fiesta todas las noches y pensaría en lo que haría con el dinero en el futuro. Creo que me compraría un piso espectacular en el barrio de Salamanca de Madrid. Viviría allí con mis amigos. Si pudiera, iría de compras todas las semanas y compraría relojes y ropa de marca. Sería fantástico, ¿no?

Pero, después de dos meses, decidiría donar mucho dinero a organizaciones benéficas y trabajaría en el centro de Madrid como trabajadora social. Es importante ayudar a otras personas, y en este momento hay muchos problemas sociales y económicos en las ciudades.

a   Bibiana ganó la lotería hace un mes.
b   Bibiana vive en Cuba.
c   En el barrio de Salamanca hay pisos sensacionales.
d   Bibiana no tiene padres.
e   A Bibiana le gusta comprar ropa de marca.
f   Después de dos meses, Bibiana sería más generosa.
g   En su opinión, ayudar a otras personas no es necesario.
h   Madrid tiene más problemas que Barcelona.

6 ✏️ **Describe una visita que hiciste al centro comercial.
Escribe unas 90 palabras y da tus opiniones. Menciona:**

• cuándo y con quién fuiste de compras

• las tiendas que visitaste

• los artículos que compraste

• al menos **dos** problemas con los artículos

• si vas a volver y por qué.

 ¡Arriba, arriba!

Writing tasks like activity 6 require some planning before starting. If you try to write the first idea that comes into your head, you will likely run into problems. Note down some ideas and think about how you might express them. Then, add some opinions and impressive pre-learnt expressions. If you can't say something, try to find a different way or a different thing to say.

¡Demuestra lo que sabes!

📖 Leer

1 Read Adán's email about shopping in the city of A Coruña. Explain in English what each of the numbers below relates to.

Mensaje

De: yago39@gmail.es

Asunto: A Coruña es genial

Mi ciudad es fantástica para ir de compras. Se llama A Coruña y está en Galicia, en el noroeste de España. Tiene veinte centros comerciales y el más grande se llama Marineda City. ¡Es espectacular! Cuenta con un aparcamiento para seis mil coches, más de ciento noventa tiendas, varios hoteles, cines y restaurantes. Abre todos los días del año, y este año ¡lo visitarán quince millones de personas!

Personalmente, mis tiendas favoritas son Zara y Mango, porque me encanta su ropa de verano. El Corte Inglés es impresionante también: tiene cinco plantas. Siempre voy a la segunda planta porque tiene una librería fantástica. En la segunda planta también se venden zapatillas deportivas. Soy adicto a las zapatillas: ¡tengo más de treinta pares!

El domingo pasado compré un regalo para mi padre porque pronto será su cumpleaños.

Example: 20 – number of shopping centres in A Coruña.

a   6,000   c   15,000,000   e   30
b   190   d   5

2 Lee el email otra vez y contesta las preguntas en español.

a   **¿Dónde** está A Coruña? (**2**)
b   **¿Cuándo** está abierto exactamente Marineda City?
c   **¿Cuáles** son las tiendas favoritas de Adán, y **por qué**?
d   **¿Qué** se vende en la segunda planta de El Corte Inglés? (**2**)
e   **¿Por qué** compró Adán un regalo para su padre?

🎧 Escuchar

3 〰 Escucha a cinco personas hablar sobre los centros comerciales. Decide si las opiniones son positivas (P), negativas (N), o positivas y negativas (P+N).

✏️ Escribir

4 Describe un centro comercial que está cerca de tu casa. Usa el email de la actividad 1 para ayudarte. Menciona...

- la ubicación (*location*) del centro comercial
- tus tiendas favoritas y por qué
- el horario (*opening hours*) del centro comercial
- lo bueno y lo malo del centro comercial
- lo que compraste la última vez que fuiste al centro comercial
- cuándo vas a volver.

💬 Hablar

5 Habla con un(a) compañero/a. Describe el centro comercial que está cerca de tu casa. Usa la información de la actividad 4 para ayudarte.

El centro comercial se llama...

Mis tiendas favoritas son...

Mi lista de logros

I can...

4.1 Esto es lo que llevo

- [ ] name at least ten different items of clothing
- [ ] describe clothes using colours
- [ ] use the verb *llevar* in a range of different tenses and persons
- [ ] confidently use demonstrative adjectives

- *una chaqueta, unos zapatos, un jersey...*
- *unos pantalones grises, una camisa blanca*
- *llevo una camiseta, ayer llevé una gorra...*
- *estos vaqueros, ese vestido, aquella camisa*

4.2 Estrellas con estilo

- [ ] describe clothes using patterns
- [ ] add further detail and opinion to descriptions of clothes
- [ ] use the present continuous tense
- [ ] research and describe the appearance of famous Hispanic people

- *una chaqueta de rayas, unos pantalones de lunares...*
- *un vestido elegante, unos vaqueros amplios...*
- *mi amigo está comiendo, estamos hablando...*
- *Rosalía es..., Rafael Nadal lleva..., Lidia Valentín tiene...*

4.3 De tiendas

- [ ] name at least eight different types of shop
- [ ] recognise and use indefinite adjectives
- [ ] describe in detail a shopping trip I will go on

- *la panadería, la carnicería, la zapatería...*
- *algunos, varios, muchos, otros, todos...*
- *visitaré Zara porque necesito unos vaqueros azules, luego...*

4.4 En el centro comercial

- [ ] understand different sections of shops and department stores
- [ ] use cardinal and ordinal numbers
- [ ] debate the pros and cons of shopping centres
- [ ] make regular cultural references

- *moda mujer, material deportivo, la planta baja, la azotea y terraza...*
- *primero, segundo, tercero, cuarto, quinto*
- *hay tanta variedad, el horario es flexible...*
- *fui a El Corte Inglés y compré...*

4.5 ¡Es imposible comprar así!

- [ ] describe a range of problems with purchases
- [ ] discuss and resolve these problems
- [ ] use direct object pronouns
- [ ] react to unpredictable responses in conversation

- *tiene un agujero, no funciona...*
- *quiero un reembolso, necesito otra talla...*
- *la compré ayer, voy a cambiarlos...*
- *mira, pues, es que, bueno...*

4.6 Si ganara la lotería...

- [ ] say what you would do if you won the lottery
- [ ] use the conditional (including irregular verbs)
- [ ] use some impressive expressions with *si*
- [ ] identify and use different styles of text

- *compraría mucha ropa, cambiaría de peinado...*
- *llevaría, beberíamos, haría, podrías...*
- *si pudiera, si fuera posible...*
- *usted/tú forms, short stories, blogs...*

Vocabulario

4.1 Esto es lo que llevo
This is what I wear

la ropa	clothing
llevar	to wear
¿Qué llevas?	What do you wear?
llevo...	I wear...
los calcetines	socks
la camisa	shirt
la camiseta	t-shirt
la chaqueta	jacket
la corbata	tie
la falda	skirt
la gorra	cap
el jersey	jumper
los pantalones	trousers
el uniforme	uniform
los vaqueros	jeans
el vestido	dress
las zapatillas (de deporte)	trainers
los zapatos	shoes
bonito/a	pretty
cómodo/a	comfortable
elegante	smart, stylish
guay	cool
tradicional	traditional
este/esta	this
estos/estas	these
ese/esa	that
esos/esas	those
aquel/aquella	that (further away)
aquellos/aquellas	those (further away)

4.2 Estrellas con estilo
Stars with style

los estampados	patterns
amplio/a	baggy
corto/a	short
de cuadros	checked

estampado/a	patterned
estrecho/a	tight
de flores	floral
hortera	tacky
largo/a	long
liso/a	plain
de lunares	spotted
de rayas	striped
apropiado/a	appropriate
distinto/a	different
la blusa	blouse
la cinta para el pelo	headband
el cinturón	belt
el estilo	style
el pijama	pijamas

4.3 De tiendas
At the shops

la carnicería	butcher's
la chocolatería	chocolate shop
la joyería	jewellery shop
la panadería	baker's
la papelería	stationery shop
la perfumería	perfume shop
la pescadería	fishmonger's
la tienda de disfraces	fancy dress shop
la tienda de ropa	clothes shop
la zapatería	shoe shop
el abrigo	coat
abrir	to open
alquilar	to hire
cerrar	to close
los complementos	accessories
loco/a	crazy
nuevo/a	new
algunos/as	some
ciertos/as	certain
muchos/as	many

otros/as	other
pocos/as	few
todos/as	all
varios/as	several

4.4 En el centro comercial
In the shopping centre

los centros comerciales	shopping centres
por Internet	online
las tiendas pequeñas	small shops

la agencia de viajes	travel agency
las alfombras	rugs
la alimentación	food
la azotea	rooftop
el juguete	toy
la juguetería	toy shop
el hogar	homewares/home
la moda deportiva	sportswear
los muebles	furniture
la planta baja	ground floor
la relojería	watch shop

el anuncio	advert
devolver	to return
en línea	online
hacer clic	to click (the mouse button)
la oferta	offer
el ratón	mouse
la variedad	variety

primero	first
segundo	second
tercero	third
cuarto	fourth
quinto	fifth
sexto	sixth
séptimo	seventh
octavo	eighth
noveno	ninth
décimo	tenth

4.5 ¡Es imposible comprar así!
It's impossible to buy like that!

tiene un agujero	it has a hole
está roto/a	it is broken
cambiar	to (ex)change
el cambio	exchange
funcionar	to work/function
pedir	to ask for
probar	to try on
quedar bien	to suit/fit
el reembolso	refund
¿en serio?	really?
lo siento	I'm sorry

el tique de compra	receipt
vale	right, good, OK
vender	to sell

4.6 Si ganara la lotería
If I won the lottery…

si fuera millonario/a…	if I were a millionaire…
si fuera posible…	if it were possible…
si ganara la lotería…	if I were to win the lottery…

cambiaría de peinado	I would change my hairstyle
compraría…	I would buy…
un montón de ropa de marca	lots of designer clothes
unas gafas de sol de marca	designer sunglasses
iría a la peluquería	I would go to the hairdresser's
tendría un asistente personal	I would have a personal assistant
tendría un teléfono móvil de lujo	I would have an expensive mobile phone
viajaría por todo el mundo	I would travel around the world

el coche cuatro por cuatro	4x4 vehicle
el equipamiento	equipment
propio/a	own
la ropa de marca	designer clothes
salir de fiesta	to go out partying

> You'll find more useful vocabulary on pages 6–7 and in the glossary at the back of this book.

Lo que hago por las mañanas

p.110; WB p.54

Objectives

- Describing morning routines
- Using reflexive verbs (I)
- Drafting and re-drafting your work

🎧 Escuchar

1 〰 **¿Cómo es la rutina de la capibara Susi?**
Escucha y pon las letras (a–h) en el orden correcto.

a me despierto

b me ducho

c me levanto

d me visto

e me peino

f desayuno

g me lavo los dientes

h voy al instituto

2 〰 **Escucha a Susi otra vez. ¿A qué hora hace estas actividades? Escribe la hora correcta.**

a Me despierto a las...
b Me lavo los dientes a las...
c Voy al instituto a las...

Aa Gramática

Reflexive verbs (I)

A reflexive verb is used when someone does an action for themselves.

ducharse	to have a shower
me ducho	I have a shower
te duchas	you (singular) have a shower
se ducha	he/she has a shower
nos duchamos	we have a shower
os ducháis	you (plural) have a shower
se duchan	they have a shower

- **te** duchas
  you have a shower ('you shower yourself')

- **nos** vestimos
  we get dressed ('we dress ourselves')

📖 Leer

3 **Completa el diálogo con las palabras correctas del recuadro. ¡Cuidado! Hay palabras que no necesitas.**

—¿A qué hora te levantas?
—*Me levanto a las siete* **1**_____ *cuarto.*

—¿A qué hora **2**_____?
—*Desayuno a las siete.*

—¿A qué hora **3**_____ *duchas?*
—*Normalmente, me ducho a las siete y media.*

—¿A qué hora te **4**_____?
—*Yo* **5**_____ *visto a las ocho menos cuarto.*

—¿A qué hora **6**_____ *al instituto?*
—*Voy al instituto a las ocho.*

van	vistes	me	vas
tu	te	menos	desayunas

📖 Leer

4 Lee y compara la rutina de Javier y Pedro con la rutina de Kasandra.
Decide si las frases corresponden a Javier y Pedro, a Kasandra, o a los tres.

Javier y Pedro

¡Son dos hermanos uruguayos con rutinas idénticas! Por la mañana, se levantan a las ocho y diez, luego desayunan siempre en la cocina. No se duchan por la mañana porque no tienen tiempo, pero se visten, se peinan y se lavan los dientes rápidamente. Van a pie a un instituto cercano a las ocho y media. Allí, las clases terminan a las cuatro.

Kasandra

¡Es una chica colombiana con una rutina imposible! Primero, se levanta a las cinco y media y se ducha deprisa porque ¡tiene cuatro hermanas! Nunca desayuna en casa porque siempre prefiere desayunar en la cafetería del instituto. Kasandra y sus hermanas van al instituto en autobús todos los días. ¡El viaje dura una hora y media! Por la tarde trabajan en la tienda de regalos de su madre.

deprisa fast, quickly

¿Quién...

a es de América Latina?

b se levanta antes de las ocho?

c se ducha rápidamente?

d desayuna todos los días?

e no usa transporte público para ir al instituto?

f vive muy lejos del instituto?

g tiene un trabajo después del colegio?

💬 Hablar

5 Describe tu rutina a un(a) compañero/a.
Usa las preguntas de la actividad 3.

¿A qué hora te levantas?

Me levanto a las ocho y media.

❗ ¡Atención!

There are a number of adverbs that you could use when talking about routine.

siempre	a menudo	nunca	después
a veces	raras veces	antes	luego

✏️ Escribir

6 ¿Cómo es tu rutina por las mañanas?
Escribe un párrafo. Menciona:

- cuatro actividades (me levanto, me ducho...)
- tres horas diferentes
- tres adverbios de frecuencia
- dos comparaciones con la rutina de un(a) amigo/a (me peino a las ocho, sin embargo, mi amigo se peina a las nueve...).

⚙️ Estrategia

Drafting and re-drafting your work

Plan your answer first and then write a rough draft. Once finished, read through your draft and make sure you have included all the key information. Check for accuracy of genders, agreements and verbs. Then write your answer in full.

Lo que hago por las tardes y por las noches

Objectives

- Describing afternoon and evening routines
- Using reflexive verbs (II)
- Speaking more authentically

🎧 Escuchar

1 〜 **Escucha cuatro frases sobre la rutina del armadillo Pancho. Para cada frase (1–4), escribe las dos actividades mencionadas (a–h).**

a vuelvo a casa

b me cambio de ropa

c meriendo

d hago los deberes

e me relajo en el sofá

f paseo al perro

g ceno

h me acuesto

💬 Hablar

2 **Describe tu rutina a un(a) compañero/a. Usa las expresiones de abajo para ampliar tu respuesta.**

¿Qué haces por la tarde?

Normalmente vuelvo a casa a las cuatro y, cuando me apetece...

...Y ¿qué haces por la noche?

⬆ ¡Arriba, arriba!

Make your descriptions even more impressive by using the following expressions.

si tengo tiempo	if I have time
cuando me apetece	when I feel like it
cuando llego a casa	when I arrive home
si mis padres me dejan	if my parents let me

⚙ Estrategia

Speaking more authentically

You should try to:

- vary your tone of voice
- sound enthusiastic and hold the listener's interest
- make eye contact and use your hands
- use words like *bueno...* and *pues...*

📖 Leer

3 **Lee sobre la rutina diaria de Marina, luego completa las frases (1–4) con la opción correcta.**

Mi rutina diaria no es demasiado emocionante y es bastante fácil de hacer. Primero, me despierto temprano por la mañana y, después de levantarme, me ducho y me visto. Desayuno, me lavo los dientes, y luego me peino. A las ocho y cuarto más o menos, voy al instituto a pie. Raras veces voy en autobús escolar.

Por la tarde, vuelvo a casa y suelo pasear al perro por mi barrio. Cuando me apetece, meriendo, y siempre ceno temprano y hago los deberes después.

Marina

raras veces	rarely
temprano	early

1 La rutina de Marina es...
  a emocionante.
  b un poco aburrida.
  c difícil.

2 Antes de peinarse, Marina...
  a se lava los dientes.
  b va al instituto.
  c va en autobús.

3 Normalmente, Marina...
  a va al instituto a las ocho y cuarto en punto.
  b va al instituto en autobús escolar.
  c va al instituto a pie.

4 Por la tarde, Marina...
  a siempre merienda.
  b hace los deberes después de cenar.
  c hace los deberes antes de cenar.

Aa Gramática

Reflexive verbs (II)

Note the position of the reflexive pronoun with expressions that require the infinitive:
• *nos acostamos* – we go to bed
• *antes de acostarnos* – before we go to bed
• *me despierto* – I wake up
• *después de despertarme* – after I wake up

🎧 Escuchar

4 〜〰〜 **Listen to four young people discussing their routines and complete the table in English.**

	Activities	Past, present or future?
a		

🔲 Patrones y reglas

To identify what tense a verb is in, pay attention to its ending. Also listen out for words or phrases that might give you a clue, such as *ayer*, *esta noche* or *suelo...*

⇕ Traducir

5 **Traduce al español este texto sobre la rutina de Keita. Usa el vocabulario de las actividades anteriores para ayudarte.**

I get up at seven o'clock, I get dressed and I go to school with my friend. Marina. In the afternoon, I get home at four o'clock. I do my homework and I have dinner. I usually go to bed at ten o'clock. If my parents let me, tomorrow I will go to the cinema.

¡Te he dicho que no!

Objectives

- Talking about relationships with friends and family
- Using direct object pronouns
- Improving exam technique (translation)

📖 Leer

1 Empareja las expresiones (1–7) con las frases correctas en inglés (a–g).

A veces...

1 discuto con mis padres.
2 me peleo con mi hermana.
3 no aguanto a mi padrastro.
4 no me llevo bien con mi hermano menor.
5 mis hermanas mayores son incompatibles.
6 grito a mi mejor amigo.
7 me enfado con mi madre.

Sometimes...

a I shout at my best friend.
b I can't stand my stepdad.
c my elder sisters are very different.
d I don't get on with my younger brother.
e I argue with my parents.
f I get angry with my mum.
g I fight with my sister.

🎧 Escuchar

2 〰 **Listen to Nuria talking about her family life. Read the list of names below and write in English what relation each person is to her.**

a Marta and Camila
b Samira
c Samuel
d Carmen
e Luis and Mateo

🎧 Escuchar

3 〰 **Listen to Nuria again and choose the five correct statements from the list.**

a Nuria argues with her parents all the time.
b She gets angry with her brother when she can't go out with her friends.
c She gets on well with her siblings.
d Her siblings have different personalities.
e She can't stand her grandmother.
f She really dislikes her grandmother's vegetable soup!
g She sometimes fights with her big cousins.

Aa Gramática

Direct object pronouns for people

A direct object pronoun takes the place of a direct object in a sentence and is placed before the conjugated verb. When referring to a person, the direct object pronouns are as follows.

me	me
te	you (singular)
lo/la	him/her/it
nos	us
os	you (plural)
los/las	them

- *A veces mi madre **me** grita.*
  Sometimes my mum shouts at **me**.

- *Mi padre no **nos** permite salir.*
  My dad doesn't allow **us** to go out.

📖 Leer

4 Lee sobre los problemas familiares de Juanpe y completa el texto con las palabras del recuadro.

¿Cómo estáis? Me llamo Juan Pedro, pero mi familia **1**_____ llama 'Juanpe'. En mi casa vivimos muchas personas y por lo general me **2**_____ bien con todos, pero a veces **3**_____ conflictos. A menudo mi hermana me grita porque es un **4**_____ agresiva. ¡No **5**_____ aguanto! Cuando me apetece, como en el salón, pero mi padre se **6**_____. ¡No nos puede soportar! ¡Qué lío! Mi tía Luisa es la **7**_____; mi hermana y yo nos llevamos muy bien con ella y nunca **8**_____ critica. Ella siempre me respeta.

¡Qué lío! What a mess!

poco	nos	enfada	me	hay
	mejor	la	llevo	

⬆ ¡Arriba, arriba!

The following expressions will make your conversational Spanish sound really natural.

me parece justo	it seems fair
¡es totalmente injusto/a!	it's totally unfair!
¡es demasiado estricto/a!	it's too strict!
es razonable	it's reasonable
(no) estoy de acuerdo	I (dis)agree

⇕ Traducir

5 Translate the house rules (a–e) into English.

a No usar el móvil en la mesa a la hora de comer.

b Hacer la cama todas las mañanas antes de salir de casa.

c No gritar; es mejor tener una conversación tranquila.

d De lunes a viernes, acostarse siempre antes de las 10:30.

e Limpiar el dormitorio al menos dos veces a la semana.

🄲 Patrones y reglas

Indirect commands (that don't relate to a specific person) are often used for signs, instructions or recipes. Simply keep the verb in the infinitive form. For negative commands, use *no* before the infinitive.

⚙ Estrategia

Improving exam technique (translation)

- Read the instructions carefully.
- Work at a consistent pace, without distractions.
- Move on to the next part of the sentence if you get stuck – you can always go back later.
- Leave time for checking.

💬 Hablar

6 Con un(a) compañero/a, comenta las reglas de la actividad 5. Usa las expresiones de la lista (¡Arriba, arriba!).

*¡La regla **b** es demasiado estricta!*

Sueño con otra vida

📖 Leer

1 Lee las rutinas de Lorena y Ernesto y mira los dibujos. Luego, ponlos en el orden correcto.

Rutina 1: Lorena

Lorena vive en Polanco, en Ciudad de México. Ella se levanta todos los días a las ocho menos cuarto, se ducha y se peina. La madre de Lorena es profesora en la universidad y su padre trabaja en el Banco de México. A las ocho y veinte, desayuna huevos mientras ve la tele y habla con sus amigas en Snapchat. Lorena es hija única, y va en taxi al instituto. A veces discute con sus padres porque sueña con ir a una fiesta de quinceañera con sus amigas, pero no puede porque sus padres son muy estrictos. Después del instituto, Lorena va a clase de esgrima. También tiene dos chihuahuas y sale a pasear con ellos una vez al día.

quinceañera	special 15th birthday party in Latin America
esgrima	fencing
recoger	to pick
puentes	bridges

Rutina 2: Ernesto

Ernesto vive en un pueblo pequeño de Honduras. Siempre se levanta muy temprano, a las cinco y cuarto, porque tiene que ayudar a sus padres en la frutería de la familia. Primero, Ernesto va en bicicleta a recoger las manzanas, peras y piñas que vende su familia. Cuando vuelve del campo, Ernesto no se ducha porque normalmente no hay agua en su casa. Ernesto solo va al instituto dos o tres días a la semana. Va a pie, y tarda hora y media en llegar a clase. Su asignatura favorita es la tecnología, porque sueña con construir puentes y canales y dejar de vender fruta.

📖 Leer

2 Lee las rutinas otra vez y contesta las preguntas en español.

a ¿**Qué** hace Lorena después de ducharse?

b ¿**De qué** trabaja la madre de Lorena?

c ¿**Por qué** no puede ir Lorena a las fiestas de quinceañera?

d ¿**Con qué frecuencia** pasea Lorena a los perros?

e ¿**Dónde** trabaja Ernesto?

f ¿**Qué tipo** de fruta vende la familia?

g ¿**Por qué** no es posible ducharse en la casa de Ernesto?

h ¿**Cómo** sabes que Ernesto es ambicioso?

Aa Gramática

p.110; WB p.55

Verbs with prepositions

Many Spanish verbs are followed by a preposition such as *a*, *de*, *en* or *con*. Sometimes these prepositions are not the same as those used in English and so must be learnt together with the verb.

comenzar/empezar a + infinitive	to start doing
dejar de + infinitive	to stop doing
depender de	to depend on
hablar con	to talk to
hablar sobre	to talk about
pensar en	to think about
soñar con	to dream about
volver a + infinitive	to do something again

🎧 Escuchar

3 〰 Lee sobre los sueños de Casilda. Después escucha lo que dice y encuentra las cinco diferencias con el texto.

Ejemplo: Mi rutina diaria me aburre ~~mucho~~ un poco

Mi rutina diaria me aburre mucho últimamente. ¡Siempre es igual! De lunes a viernes, en el instituto... los fines de semana, para relajarme... vacaciones de playa... y ¡vuelta a empezar! Ahora empiezo a soñar con una vida diferente, en otro país. No dejo de pensar en tener un chalet en las montañas de Argentina y visitar los glaciares.

📖 Leer

4 〰 **Read the poem carefully and complete the tasks.**

a Read the title. What do you think the poem might be about?

b Note down any words you know.

c List five words you have found the meaning of in a dictionary.

d Do you think the poem has a positive or negative tone? Why?

e What is your opinion of the poem? Justify your answer.

La rutina (extract)

La rutina es tormento
que se vuelve pan de cada día.
Es la repetición del presente
por la inercia del ayer
y la mediocridad de siempre.

La rutina cansa la vida,
domestica el pensamiento
y secuestra los sentimientos.

La rutina es el peor enemigo
que puedes traer contigo.

Alfredo Mendoza Cornejo

⚙️ Estrategia

Understanding poetry

First, look at the title: does it give any clues about the poem? Next, read the poem twice and even try to read it aloud. Find words you know, then look up any words you don't know. Then think about detail: what is the theme of the poem? What images are used?

Tengo inquietudes

Objectives

• Talking about global issues
• Forming irregular verbs in the future and conditional
• Writing interesting sentences

🎧 Escuchar

1 〰 Read these environmental problems (a–f), then listen to the conversation and complete the table in English.

las inundaciones

la sequía

la destrucción de los hábitats

la tala de árboles

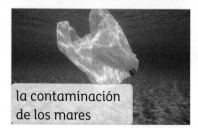
la contaminación de los mares

el desperdicio de plástico

el crecimiento de las ciudades

la basura

Problem	Consequence
plastic waste	
growth of cities	
destruction of habitats	
tree felling	
polluted seas	

📖 Leer

2 Lee las opiniones de estos jóvenes, luego lee las frases. Para cada frase (a–e), escribe 'Lina' o 'Roberto'.

Lina: Me preocupa el desperdicio de plástico. Los mares están contaminados y los peces sufren mucho. También el plástico crea mucha basura en las playas. ¿Qué vamos a hacer? No tengo ni idea.

Roberto: Para mí, el problema más alarmante es el crecimiento descontrolado de las ciudades. Vivo en la Ciudad de México y es gigante. Sin embargo, este crecimiento destruye los hábitats naturales y hay muchos animales en peligro de extinción. ¡Qué trágico!

medioambientales	environmental
en peligro de	in danger of

a   Muchos animales no tienen donde vivir.
b   Parece que no hay soluciones.
c   Los animales marinos tienen problemas.
d   Las ciudades son demasiado grandes.
e   Las costas no están muy limpias.

⬆ ¡Arriba, arriba!

Me preocupa – I'm worried about
Me da miedo – I'm scared of
Me da rabia – I'm angry about
Me da pena – I'm saddened by
Me enfurece – I'm furious about

⬍ Traducir

3 Translate this environmental report into English.

Informe sobre el medio ambiente

La Ciudad de México es una de las ciudades más grandes del mundo; la polución aquí podría ser un problema serio.

La Pampa en Argentina en el futuro tendrá inundaciones y periodos de sequía que afectarán a los animales y las plantas.

En el río Amazonas habrá mucho desperdicio de plástico y eso podría ser peligroso para el ecosistema.

Aa Gramática

p.111; WB p.56

Irregular verbs in the future and conditional

Many of the most frequently used verbs in these tenses are irregular, so it is vital to learn them.

	Future		Conditional	
hacer	**har**é	I will do	**har**ía	I would do
tener	**tendr**é	I will have	**tendr**ía	I would have
poder	**podr**é	I will be able to	**podr**ía	I would be able to /I could
decir	**dir**é	I will say	**dir**ía	I would say
habrá	there will be		**habr**ía	there would be

💬 Hablar

4 Habla con un(a) compañero/a sobre los **tres** problemas más serios donde vives. Usa opiniones como 'me preocupa' y 'me enfurece'.

> ¿Cuáles son los problemas actuales donde vives?

> *En mi opinión, el problema más serio es...*

ℹ ¡Cultura!

Vitoria-Gasteiz, the capital of the Basque Country in Spain, is one of Europe's most eco-friendly cities. It has won awards for its cleanliness and sustainability, public transport and water use.

✎ Escribir

5 Contesta las preguntas en español. Incluye las palabras 'porque', 'aunque', 'cuando' o 'si'.

• En tu opinión, ¿cuáles son los problemas más urgentes?

• ¿Qué podría pasar si no resolvemos estos problemas?

⚙ Estrategia

Writing interesting sentences

You should aim to use at least two or three conjunctions and new adjectives, as well as some original and ambitious opinions, justifying them and giving examples.

> porque   que   aunque   cuando   si

En busca de un mundo mejor

Objectives

- Discussing solutions to global issues
- Forming impersonal constructions
- Constructing an argument

📖 Leer

1 Read the environmental solutions (1–8), then complete the English translations (a–h) with the missing words.

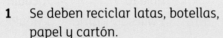

Las soluciones medioambientales

1 Se deben reciclar latas, botellas, papel y cartón.
2 Se puede usar el transporte público en vez del coche.
3 Se puede ir a pie o en bicicleta todo lo posible.
4 No se deben comprar tantos envases de plástico en el supermercado.
5 Se deben comprar productos locales.
6 No se debe tomar un baño diario: es mejor ducharse.
7 No se debe malgastar agua cuando te lavas los dientes.
8 Se puede ser miembro de un grupo de presión y protestar.

¡NO!

a You must _____ tins, bottles, _____ and cardboard.
b You can use _____ _____ instead of your _____.
c You can go on foot or by _____ as much as _____.
d You must not _____ so many _____ containers in the _____.
e You must _____ local _____.
f You must not have a _____ every _____: it is better to shower.
g You must not waste _____ when you _____ _____ _____.
h You can be a _____ of a _____ group and _____.

Aa Gramática

p.111; WB p.57

Impersonal constructions with *se*

These are used to say what is done or what should be done.

- *Se debe ir al instituto a pie.*   You must walk to school.
- *Se juega al béisbol en Cuba.*   Baseball is played in Cuba.

Impersonal constructions are also seen in the conditional when you want to say what could or should be done.

se podría	you could
se debería	you should

🎧 Escuchar

2 〰 Escucha las afirmaciones (a–e) y decide si son ecologistas (✓) o no (X). Completa la tabla.

	¿Ecologista?
a	X
b	

📖 Leer

3 Read this advert for an environmental pressure group, then answer the questions in English.

ORGANIZACIÓN DE JÓVENES NATURALISTAS Y ECOLÓGICOS (ORJONAE)

Proteger el medio ambiente hoy en día debería ser una prioridad. ORJONAE es para todos los jóvenes de entre 12 y 18 años. Ser miembro es gratis, pero tendrás un compromiso: cuidar del medio ambiente a diario. Serás parte de una comunidad de gente como tú: ¡honesta, trabajadora y con una conciencia verde!

En ORJONAE somos muy activos: el próximo lunes 14 de junio habrá una concentración en el parque central de Barcelona para protestar contra la contaminación de la ciudad y pedir un transporte público más eficiente. ¡Visita nuestra página web para más información!

gratis	free
compromiso	obligation
concentración	gathering, rally

a According to the advert, what should be a priority nowadays?

b How much does it cost to be a member of ORJONAE?

c What sort of personality do members of ORJONAE have? (**three** details)

d What are members protesting about next Monday? (**two** details)

e How can you find out more information about ORJONAE?

🎧 Escuchar

4 〜 Listen to the president of ORJONAE's speech to the protesters. What four ideas does she have to make Barcelona 'world environment capital'? Write brief notes in English.

💬 Hablar

5 ¿Eres muy ecologista? Contesta las preguntas con tu compañero/a.

- ¿Qué reciclas en casa?
- ¿Usas el transporte público a menudo?
- ¿Consumes productos ecológicos?
- ¿Te preocupa el medio ambiente?

✏️ Escribir

6 ¡Eres miembro de ORJONAE! Escribe un párrafo sobre el medio ambiente para la página web. Menciona:

- tres cosas importantes que los jóvenes podrían hacer
- por qué es una buena idea ser miembro de ORJONAE
- un proyecto que tiene ORJONAE para este verano.

⚙️ Estrategia

Constructing an argument

When discussing a particular topic:

- decide what your point of view is
- use lots of impressive opinion phrases
- give evidence and examples to back up your point of view
- respond to challenges with expressions such as: *no es verdad, no estoy de acuerdo, al contrario, por otra parte...*

¡Zona cultura!
La quinceañera / Cuidemos la Amazonia

⬥ Traducir

1 **Translate this paragraph into English.**

La celebración de la *quinceañera* es muy popular en muchos países de Latinoamérica, especialmente en México. Es una fiesta enorme para celebrar el quince cumpleaños de las chicas, porque con quince años las chicas se consideran mujeres jóvenes.

📖 Leer

2 **Read the paragraphs about Cristal's *quinceañera* celebration, then match each statement (a–f) with the correct paragraph (1–6).**

1. ¡Buenos días! Anoche no dormí mucho porque hoy es mi fiesta de quinceañera y lo vamos a celebrar por todo lo alto. Me desperté a las siete y media de la mañana y mandé varios mensajes a Elena, mi mejor amiga. Me levanté y desayuné con mi familia en la cocina.

2. Voy a una tienda de ropa con mi abuela para elegir mi vestido especial. ¡Hay tantos colores! Rosa, azul, verde... pero finalmente elijo el blanco, porque el color blanco es tradicional.

3. Luego, me preparo y me peino en casa. Mi madre, mi hermana y mi tía me ayudan. ¡Tengo una tiara también!

4. Primero, hay una celebración religiosa en la iglesia de mi barrio. Es la parte más seria de la celebración... ¡es similar a una boda! Pero no es una boda real.

5. Después, hay un baile. Yo voy a bailar con mi mejor amigo del instituto, Gregorio. Mis amigas piensan que es mi novio... ¡pero no es verdad! Toda mi clase del instituto va a venir a la fiesta, también mi familia y algunos amigos de mis padres.

6. Y finalmente... ¡la gran fiesta! Hay música y comida y es muy divertida. Voy a recibir muchos regalos: una televisión para mi dormitorio, una bicicleta... ¡Qué estupendo!

por todo lo alto	no expense spared, in style
boda	wedding

a   The church ceremony is like a wedding!
b   Some of my family members help me get ready.
c   So many people come to the party: even my whole class!
d   I was so excited I could barely sleep!
e   I receive very generous gifts.
f   I choose a white dress.

Antes de la fiesta

📖 Leer

3 Lee el diario de Cristal otra vez y contesta las preguntas en español.

a   **¿Dónde** desayunó Cristal el día de su quinceañera?
b   **¿Por qué** eligió un vestido blanco?
c   **¿Qué** lleva Cristal en la cabeza?
d   **¿Cuál** es la parte más seria de la quinceañera?
e   **¿Quién** es Gregorio?

¡Cristal y Gregorio preparados para bailar!

💬 Hablar

La foto familiar

4 Mira la foto familiar y contesta las preguntas en español.

- ¿Qué hay en la foto?
- ¿Te gustaría ir a una quinceañera? ¿Por qué?
- ¿Cuál es el cumpleaños más importante en tu país?

Cuidemos la Amazonia

La Amazonia, la zona verde más grande del mundo, forma parte de nueve países, incluidos Perú, Colombia, Venezuela y Bolivia. Es un área maravillosa donde viven y crecen animales y plantas únicos en el mundo. La Amazonia está en peligro debido al cambio climático, la deforestación y la contaminación, que están destruyendo el hábitat de muchos animales. ¿Qué puedes hacer tú desde tu casa para mejorar el medio ambiente?

el cambio climático	climate change

🎧 Escuchar

5 〰️ Read the introduction *Cuidemos la Amazonia,* then listen to two experts discussing ways to improve the environment. Complete the sentences in English with the correct information.

apagar	to turn off
la luz	light
malgastar	to waste

a   Create your own mini-Amazon rainforest by...
b   Separate your rubbish, for example do not mix...
c   To avoid wasting water don't use a lot of it to...
d   Turn off electronic devices, and as much as possible...
e   The benefits of local products are...

Labo-lengua

Aa Gramática

🖥 Reflexive verbs

A reflexive verb is used when someone does an action for themselves. It has two parts: the reflexive pronoun, which changes to match the person doing the verb, and the verb itself, which changes to match the person and the tense. One of the first expressions you ever used, *me llamo*, is an example of a reflexive verb and literally it means 'I call myself'.

	lavarse	*peinarse*	*ducharse*
me	lavo	peino	ducho
te	lavas	peinas	duchas
se	lava	peina	ducha
nos	lavamos	peinamos	duchamos
os	laváis	peináis	ducháis
se	lavan	peinan	duchan

- **te** lavas los dientes   you brush your teeth
- **nos** peinamos   we comb/brush our hair
- **se** duchan   they have a shower

1 Read the sentences (a–h) containing reflexive verbs and choose the correct reflexive pronoun.

a Siempre **te/me** levanto a las siete y media de la mañana.

b Mis padres jamás **se/nos** despiertan antes de las ocho y media.

c ¿A qué hora **te/os** duchas, Mariola?

d **Nos/Os** peinamos en el aseo y después desayunamos en la cocina con papá.

e Leopoldo casi nunca **te/se** viste en su dormitorio; prefiere el aseo.

f ¿**Se/Os** laváis los dientes antes o después de desayunar?

g Manuela **se/te** relaja en el salón a las cuatro.

h Mi hermano y yo **se/nos** acostamos a las diez.

Aa Gramática

🖥 Verbs with prepositions

Many verbs in Spanish are followed by a preposition such as *a, de, en* or *con*, but in some cases these prepositions are not the same as in English:

comenzar/empezar	
a + infinitive	to start doing
dejar de + infinitive	to stop doing
depender de	to depend on
hablar con	to talk to
hablar sobre	to talk about
pensar en	to think about
soñar con	to dream about
volver a + infinitive	to do something again

Some verbs need a preposition in English, but not in Spanish:

buscar	to look for		*mirar*	to look at
decidir	to decide to		*pagar*	to pay for
intentar	to try to		*pedir*	to ask for

2 Complete the sentences (a–f) with the correct preposition from the box below.

a Sonia va a hablar _____ Adela porque siempre tienen problemas.

b Mi padre nunca volverá _____ bañarse porque no es ecológico.

c Voy a dejar _____ usar tanto plástico.

d Casi nunca pensamos _____ cambiar la rutina diaria porque es bastante eficiente.

e Alfonso sueña _____ vivir en otro país.

f –¿Nina irá a la universidad en septiembre?
–Depende _____ sus notas.

a	de	con	de	con	en

3 Re-read the sentences in activity 2 and translate them into English.

Aa Gramática

Irregular verbs in the future and conditional

Certain verbs, such as *hacer, tener, poder, decir* and *haber* are irregular in both the future and conditional. These irregular verbs use the same endings as regular verbs in the future tense, but have an irregular stem.

	Future	Conditional
hacer	**haré**	**haría**
tener	**tendrás**	**tendrías**
poder	**podrá**	**podría**
decir	**diremos**	**diríamos**
saber	**sabréis**	**sabríais**
querer	**querrán**	**querrían**

Also note:

habrá there will be   **habría** there would be

4 **Complete the sentences by changing the infinitives in brackets into the simple future tense.**

a   Nosotros _____ más para reciclar, por ejemplo, separar la basura. (*hacer*)

b   Gloria y Marcos _____ ducharse muy temprano la semana próxima. (*poder*)

c   ¿Qué _____ tú mañana en clase? (*decir*)

d   En Madrid _____ más bicicletas públicas a partir de enero. (*haber*)

5 **Now complete these sentences by changing the infinitives into the conditional.**

a   Recomiendo esta solución: así nosotros _____ menos problemas. (*tener*)

b   Sin el trabajo de estos grupos, ____ menos conciencia de los problemas. (*haber*)

c   Yo no _____ vivir en una ciudad sin transporte público. (*poder*)

d   Mis abuelos reciclan latas, pero ellos _____ que no a ducharse porque prefieren bañarse. (*decir*)

Aa Gramática

Impersonal constructions with *se*

In Spanish, it is common to follow *se* with the third-person singular form of a verb to make general observations, recommendations or to say what is done.

*   *Se pueden comprar productos locales allí.*
    You can buy local products there.

*   *Se juega al béisbol en Cuba.*
    Baseball is played in Cuba.

Impersonal constructions are often used when you want to say what could or should be done:

*   *se podría*   you could

*   *se debería*   you should

6 **Complete the sentences (1–5) with the correct endings (a–e).**

1   En España, generalmente, se reciclan...
2   En mi casa no se discute mucho...
3   Se debería usar más transporte...
4   Nunca se recomienda bañarse...
5   En México se desayuna a la...

a   en vez de ducharse.
b   muchas latas y botellas.
c   misma hora que en Inglaterra.
d   público en las grandes ciudades.
e   porque mis padres son muy agradables.

Pronunciación: *ce* and *ci*

 When 'c' is followed by 'e' or 'i', most Spanish speakers pronounce it like the English 'th'. In most of Latin America and parts of Spain such as the Canary Islands, it's said more like a soft 's'.

*ce*na   *ci*ne   ha*ce*   gra*ci*as

7 **Try saying the following tongue twister: Cerezas comí, cerezas cené... de tanto comer cerezas, ¡me encerecé!**

El podio de los campeones

Bronce

1 📖 **Read about Gonzalo's routine and fill in the table in English.**

🔍

Por la mañana, suelo levantarme a las siete y media porque es más sano levantarse temprano. Luego, desayuno en la cocina a las ocho menos cuarto, después de ducharme. ¡La cocina es muy cómoda! Luego, voy al gimnasio con mi amigo Inari.

Por la tarde, cuando llego a casa a las dos y diez, como y me relajo en el sofá porque me gusta ver mi serie favorita en la tele. Paseo al perro a las cuatro y media porque ¡mi perro tiene mucha energía! No se debe cenar demasiado tarde, por eso yo ceno a las siete y cuarto. Ayer me acosté muy tarde, ¡a las doce!, porque fui a la fiesta de cumpleaños de mi hermano.

Activity	Time	Reason
	7.30	
has breakfast		
relaxes on the sofa		
	4.30	
has dinner		
	12.00	

2 ✏️ **What did you do yesterday morning and afternoon? Write a 40-word paragraph about your routine. Mention:**

- four different routine activities that you did
- the times that you did them
- one activity that a member of your family did.

Plata

3 📖 **Manuela y Ramón escriben acerca de las relaciones familiares. Lee sus opiniones y decide si las frases (a–h) son verdaderas (V) o falsas (F).**

Manuela and Ramón write about family relationships. Read their opinions and decide if the sentences (a–h) are true (V) or false (F).

■ @MANUELA

Por lo general me llevo bastante bien con mi familia. Es verdad que a veces discuto con mi padre, porque, en mi opinión, es bastante estricto. Pero mis padres me escuchan si tengo problemas y son generosos. ¡Me comprarán un coche en el futuro! ¡Qué estupendo!

■ @RAMÓN

Mis padres están divorciados porque se pelean mucho, pero yo me llevo muy bien con ellos. Son más generosos y más razonables ahora. Sin embargo, a veces no aguanto a mi padrastro. Ayer me enfadé con él porque gritó a mi hermano menor. ¡Eso no es aceptable!

a Manuela discute con su padre a veces.
b El padre de Manuela es un poco severo.
c El problema de Manuela es que sus padres no la escuchan.
d El coche de Manuela es estupendo.
e Los padres de Ramón se llevan bien.
f En el pasado, los padres de Ramón eran tan generosos como ahora.
g El padrastro de Ramón es un poco agresivo.
h Ramón no acepta la actitud agresiva de su padrastro.

4 ➡️ **Traduce al español las opiniones de Marta sobre las familias modernas.**

Translate into Spanish Marta's opinions on modern families.

Sometimes families don't get on well. When there is conflict, you must not be aggressive. It is normal to think that your parents are strict. Fortunately, many parents are reasonable and listen to their children.

Oro

5 📖 **Lee el reportaje sobre los problemas medioambientales que hay en Chile y contesta las preguntas en español.**

El principal problema medioambiental de Chile es la contaminación del aire. En la capital, Santiago, el 43% de las personas están preocupadas por este problema. Es evidente que la industria y el transporte son las actividades más contaminantes. Los expertos piensan que, en el futuro, habrá otro problema muy serio: la basura. El programa 'Chile Sostenible', creado en 1997, declaró recientemente que Chile necesita urgentemente medidas para reducir la contaminación. Pero el científico chileno, Gustavo Cueva, opina que la acción medioambiental llega demasiado tarde. ■

a   ¿Cuál es el principal problema medioambiental en Chile?
b   ¿Cómo se llama la capital de Chile?
c   ¿Cuál es el porcentaje de personas que están procupadas por la contaminación?
d   ¿Cuáles son las actividades más contaminantes en Chile? (2)
e   ¿Qué otro problema medioambiental habrá en el futuro?
f   ¿Cuándo se fundó el programa 'Chile Sostenible'?
g   En tu opinión, ¿Gustavo Cueva es optimista o pesimista? Justifica tu respuesta.

6 ✏️ **Escribe un párrafo de unas 60 palabras sobre los problemas que hay en tu país. Menciona:**

• dos problemas principales que hay en este momento
• dos problemas que habrá en el futuro
• dos cosas que tú hiciste ayer para cuidar del medio ambiente.

> ⬆️ **¡Arriba, arriba!**
>
> When writing on a challenging topic such as environmental problems, remember that your answer does not need to show expert knowledge! The best approach is to recycle language you have already come across in the unit and, to really impress, make sure you include different tenses, conjunctions and extended opinions.

¡Demuestra lo que sabes!

🎧 Escuchar

1 〰 **Escucha la conversación entre Catalina y Óscar sobre la rutina. Selecciona la opción correcta para cada pregunta (1–6).**

1 ¿Qué hace Catalina después de levantarse?
- **a** Se ducha.
- **b** Desayuna.
- **c** Depende.

2 ¿Por qué a veces no desayuna?
- **a** Se lava los dientes.
- **b** Está estresada.
- **c** No tiene tiempo.

3 ¿Por qué la rutina de Catalina es mejor durante las vacaciones?
- **a** Es menos relajante.
- **b** No tiene que ir al instituto.
- **c** El instituto es más relajante.

4 ¿Cuándo se levanta Óscar?
- **a** Después de desayunar.
- **b** A las once.
- **c** Muy temprano.

5 ¿Dónde estudió la semana pasada?
- **a** En la biblioteca.
- **b** En el gimnasio.
- **c** En su casa.

6 ¿Qué piensa Óscar sobre su rutina de Madrid?
- **a** Será más aburrida.
- **b** Será más interesante.
- **c** Será más divertida.

📖 Leer

2 **Lee la discusión entre los hermanos Pedro y Pablo y completa el texto con las palabras correctas del recuadro.**

Pablo, ¡eres intolerable! Tengo que prepararme **1**_____ los exámenes, pero no puedo porque siempre escuchas música, a todas horas, y a todo **2**_____. ¡No te aguanto!

¿Por qué no vas a la biblioteca, Pedro? Yo quiero poner música **3**_____ me apetece. Además, mamá no **4**_____ permite salir con mis amigos porque **5**_____ limpié el dormitorio ayer. Estoy aburrido.

Entonces, limpia tu dormitorio ahora y habla **6**_____ ella otra vez. ¡Y **7**_____ de molestarme!

Vale, vale. Hablaré con ella, **8**_____ no me grites tanto, hermano.

no · cuando · con · para · me · pero · volumen · deja

💬 Hablar

3 **Juego de rol. Con un(a) compañero/a, contesta las preguntas con la información de abajo.**

- ¿Qué hiciste ayer por la mañana? *(got up 7.30, shower, breakfast)*
- ¿Qué hiciste por la tarde? *(dinner, TV, 10 pm bed)*
- ¿Qué vas a hacer mañana? *(get up 10 am, play football 11 am)*

⇕ Traducir

4 **Traduce las frases (a–d) al español.**

a What are the best solutions to protect the environment?

b You could recycle more, use public transport instead of the car and not waste water.

c I think that the most important thing is to become a member of a pressure group.

d You should talk more about the problems that there are in the world.

Mi lista de logros

I can...

5.1 Lo que hago por las mañanas

- ☐ say what I usually do in the morning and when
- ☐ use reflexive verbs in the present tense
- ☐ describe routines using expressions of frequency
- ☐ ask others about their routine

- • *me despierto a las ocho, me ducho a las nueve*
- • *mi hermano se levanta, nos peinamos*
- • *a menudo me peino, raras veces desayuno*
- • *¿A qué hora te despiertas?*

5.2 Lo que hago por las tardes y por las noches

- ☐ say what I do in the afternoon and evening
- ☐ use a range of new, ambitious expressions to describe routines
- ☐ use reflexive verbs in different tenses
- ☐ understand the position of reflexive verbs

- • *ceno, me cambio de ropa, me acuesto*
- • *cuando me apetece, si tengo tiempo*
- • *me levantaré tarde, me lavé los dientes*
- • *voy a despertarme/me voy a despertar*

5.3 ¡Te he dicho que no!

- ☐ describe relationships with friends and family
- ☐ use direct object pronouns for people
- ☐ give commands using the infinitive

- ☐ use expressions to react to situations

- • *discuto con mis padres, me llevo bien con...*
- • *mi madre no nos permite, mi hermano me grita*
- • *hacer la cama todos los días, no usar el móvil*
- • *es razonable, ¡es totalmente injusto!*

5.4 Sueño con otra vida

- ☐ compare and contrast different routines
- ☐ use certain verb + preposition + infinitive expressions
- ☐ use techniques to better understand poetry in Spanish

- • *ella se levanta temprano mientras que él se levanta tarde*
- • *pensar en, soñar con, empezar a*
- • read the title, look up words you don't know, discuss the tone

5.5 Tengo inquietudes

- ☐ discuss a range of environmental issues
- ☐ use irregular verbs in the future and conditional
- ☐ include a range of strong opinion expressions
- ☐ make interesting sentences including conjunctions

- • *la tala de árboles, la sequía...*
- • *haré, tendría, podré, diría*
- • *me da rabia, me enfurece, me da miedo...*
- • *aunque, si, cuando...*

5.6 En busca de un mundo mejor

- ☐ debate potential solutions to global issues
- ☐ use impersonal constructions with *se* in different tenses

- ☐ construct an argument effectively

- • *reciclar, no malgastar agua, no usar envases de plástico*
- • *se debe, se puede, se podría, se debería...*
- • *no es verdad, no estoy de acuerdo*

Vocabulario

5.1 Lo que hago por las mañanas
What I do in the mornings

la rutina	routine
desayunar	to have breakfast
despertar(se)	to wake up
duchar(se)	to have a shower
ir al instituto	to go to school
lavar(se) los dientes	to brush your teeth
levantar(se)	to get up
peinar(se)	to brush/comb your hair
vestir(se)	to get dressed
a menudo	often
a veces	sometimes
antes	first, before
después	after, afterwards
durar	to last
inmediatamente	immediately
luego	then, later
mientras	while
nunca	never
raras veces	rarely
siempre	always
deprisa	fast, quickly
tener prisa	to be in a hurry

5.2 Lo que hago por las tardes y por las noches
What I do in the afternoons and evenings

acostar(se)	to go to bed
cambiar(se) de ropa	to get changed
cenar	to have dinner
hacer los deberes	to do homework
merendar	to have a snack (afternoon)
pasear al perro	to walk the dog
relajar(se)	to relax
volver a casa	to return home
cuando llego a casa	when I arrive home
cuando me apetece	when I feel like it

si mis padres me dejan	if my parents let me
si tengo tiempo	if I have time
siempre que puedo	whenever I can
al final del día	at the end of the day
aproximadamente	approximately
el proyecto	project
temprano	early
(no) tener tiempo	to (not) have time

5.3 ¡Te he dicho que no!
I've told you, no!

aguantar(se)	to stand/bear
criticar	to criticise
discutir	to argue, quarrel
enfadarse	to get angry
gritar	to shout
llegar a casa	to arrive home
llevarse bien con	to get on well with
llevarse mal con	to get on badly with
pelearse	to fight/argue
respetar	to respect
volver a casa	to return home
estar de acuerdo	to be in agreement
estar en contra	to be against
estricto/a	strict
incompatible	incompatible
injusto/a	unfair
justo/a	fair
razonable	reasonable
a todas horas	all the time
el conflicto	conflict
el lío	mess
el permiso	permission
la regla	rule

5.4 Sueño con otra vida
I dream about another life

ambicioso/a	*ambitious*
el canal	*canal*
cansar	*to tire*
igual	*same, equal*
el pensamiento	*thought*
el puente	*bridge*
la quinceañera	*15th birthday party*
recoger	*to collect/pick*
el sentimiento	*feeling*
tardar	*to take (time)/be late*
traer	*to bring*
últimamente	*recently, lately*
vender	*to sell*

comenzar/empezar a	*to start doing*
dejar de	*to stop doing*
depender de	*to depend on*
hablar con	*to talk to*
hablar sobre	*to talk about*
pensar en	*to think about*
soñar con	*to dream about*
volver a	*to do something again*

5.5 Tengo inquietudes
I have concerns

la basura	*rubbish*
la contaminación	*contamination, pollution*
contaminante	*contaminating, polluting*
el crecimiento	*growth*
el desperdicio de plástico	*plastic waste*
la destrucción	*destruction*
la extinción	*extinction*
los hábitats naturales	*natural habitats*
las inundaciones	*floods*
las lluvias torrenciales	*torrential rain*
los mares	*seas*
medioambiental	*environmental*
el medio ambiente	*environment*
la sequía	*drought*
la tala de árboles	*tree felling*

alarmante	*alarming*
en peligro	*in danger*

preocupante	*worrying*
por todas partes	*everywhere*
trágico/a	*tragic*

me enfurece	*I'm furious about*
me da miedo	*I'm scared of*
me da pena	*I'm saddened by*
me da rabia	*I'm angry about*
me preocupa	*I'm worried about*

5.6 En busca de un mundo mejor
In search of a better world

cuidar (de)	*to care (for)*
proteger	*to protect*

se puede/se debe...	*you can/you must...*

reciclar...	*recycle...*
...cartón	*...cardboard*
...latas	*...cans*
...papel	*...paper*
usar el transporte público	*use public transport*
ir a pie	*go on foot*
ir en bicicleta	*go by bike*
no comprar envases de plástico	*not buy plastic containers*
comprar productos locales	*buy local products*
ducharse	*take a shower*
no malgastar agua	*not waste water*
ser miembro de un grupo de presión	*be a member of a pressure group*

a diario	*daily*
el compromiso	*obligation/commitment*
la concentración	*gathering/rally*
la conciencia	*awareness*
las donaciones	*donations*
el espacio verde	*green space*
la prioridad	*priority*
todo lo posible	*everything possible*

> You'll find more useful vocabulary on pages 6–7 and in the glossary at the back of this book.

¡Vamos a Texas!

Objectives

- Discovering Texan culture
- Forming radical-changing verbs in the present tense
- Revising grammar

📖 Leer

1 **René vive en Texas en una ciudad que se llama El Paso. Empareja las frases (1–5) con los dibujos (a–e).**

1 Mi tío monta a caballo en el rodeo. ¡Yo no puedo porque solo tengo trece años!

2 Siempre prefiero comer comida tejana: nachos, frijoles y fajitas de carne frita. ¡Pienso que es deliciosa!

3 Me gusta la Fiesta de las Flores, en mayo. Hay comida y bebida tradicional en la plaza, y bailes en la calle. ¡Me chifla!

4 Cuando puedo, voy de excursión al Parque Nacional de las Montañas de Guadalupe, porque hay montañas y ríos muy bonitos.

5 Mi equipo de béisbol favorito son los Chihuahuas de El Paso. ¡Sueño con ser jugador profesional!

 ¡Cultura!

With approximately 50 million speakers, Spanish is the second most spoken language in the USA. Texas, a large state on the USA–Mexico border, blends aspects of culture from both countries.

🎧 Escuchar

2 〰 **Escucha a René y selecciona la opción correcta para cada pregunta (1–4).**

1 Los Chihuahuas de El Paso...
- **a** no son un equipo muy grande.
- **b** no son un equipo profesional.
- **c** no son muy buenos.

2 Las fajitas favoritas de René...
- **a** se comen frías.
- **b** tienen tres ingredientes.
- **c** son asquerosas.

3 El tío de René...
- **a** es muy joven.
- **b** quiere participar en un rodeo.
- **c** es un profesional.

4 El Capitán...
- **a** es un parque nacional famoso.
- **b** no está cerca de la casa de René.
- **c** es una montaña famosa.

📖 Leer

3 Lee este texto sobre René y busca un sinónimo para las palabras de abajo (a–f).

Mi familia y yo adoramos vivir en El Paso. Está muy cerca de la frontera con México. Mis abuelos son mexicanos, pero vinieron a Estados Unidos hace más de cincuenta años. En Texas mucha gente habla español. Lo mejor de aquí es la comida Tex-Mex: es una mezcla de la comida mexica y la americana, ¡y la encuentro exquisita! En mi tiempo libre me gusta ver partidos de béisbol y rodeos en la tele. Mi canal favorito es Telemundo, porque tiene muchas series en español. También, pienso que el clima en El Paso es ideal: casi siempre hace calor y no llueve demasiado.

a llegaron
b personas
c deliciosa
d preferido
e perfecto
f todo el tiempo

⇕ Traducir

4 Translate the text from activity 3 into English, from *Está muy cerca...* to *¡y la encuentro exquisita!*

✏️ Escribir

5 Investigación. Escribe en español al menos cinco afirmaciones acerca de una de las siguientes cosas relacionadas con Texas:

- la comida Tex-Mex
- el rodeo
- el béisbol
- el Parque Nacional de las Montañas de Guadalupe

💬 Hablar

6 Te gustaría vivir en Texas? Habla con un(a) compañero/a. Justifica tus opiniones.

> Me gustaría vivir en Texas porque ¡la comida Tex-Mex es deliciosa! ¿Y a ti?

Aa Gramática

p.132; WB p.64

Radical-changing verbs in the present tense

There are a number of different types of radical-changing verbs in the present tense. Two of the most common are:

e → ie

*pensar → p**ie**nso*
*empezar → emp**ie**zo*
*preferir → pref**ie**ro*

o → ue

*poder → p**ue**do*
*dormir → d**ue**rmo*
*encontrar → enc**ue**ntro*

You will also see some verbs change from *e → i*, and *u → ue* (see page 142).

Note that all forms of radical-changing verbs undergo the change apart from the *nosotros* and *vosotros* forms.

⚙️ Estrategia

Revising grammar

- Set yourself small, regular goals – don't try to cram it in!
- Make bitesize notes – flashcards and post-it notes are great ways to retain knowledge.
- Complete the *Labo-lengua* pages carefully and use the grammar section (pages 140–149).

Madrid vs. Barcelona

Objectives

- Comparing Madrid and Barcelona
- Forming the perfect tense (regular verbs)
- Using idioms

📖 Leer

1 Lee los diarios de viaje de Vicente y contesta las preguntas (a–e) en español.

🔍

DIARIOS DE VIAJE

La Plaza Mayor

Las Ramblas

Mis padres y yo hemos ido a Madrid muchas veces porque mi hermano vive allí y visitar la ciudad con él es pan comido. Mi monumento favorito de Madrid es la Plaza Mayor. Además, he comido mucha comida típica de Madrid, por ejemplo, el cocido. El cocido consiste en una sopa y un guiso de carne con verdura y garbanzos… ¡tan delicioso! ¡Se me hace la boca agua!

También he estado muchas veces en Barcelona. Mi primo vive allí y habla catalán. Nosotros somos como uña y carne y nos encantan el idioma y la cultura catalana. Hemos paseado por las Ramblas y hemos comprado ropa en las tiendas; algunas son un poco caras, pero no todo cuesta un ojo de la cara. He sacado fotos de la Sagrada Familia y he tomado el sol en una playa que se llama La Barceloneta.

es pan comido	it's a piece of cake
un guiso	stew
garbanzos	chickpeas
¡se me hace la boca agua!	it makes my mouth water!
como uña y carne	like peas in a pod
no cuesta un ojo de la cara	it doesn't cost an arm and a leg

a   ¿**Por qué** ha visitado Madrid muchas veces?
b   ¿**Cuál** es su monumento favorito de Madrid?
c   ¿En **qué** consiste el cocido?
d   ¿**Qué** idioma habla el primo de Vicente?
e   En Barcelona, ¿**dónde** ha tomado el sol Vicente?

⚙️ **Estrategia**

Using idioms

When translated, some Spanish idioms closely resemble English ones, but others do not at all! Look at the idioms in the reading text – what do they literally mean in Spanish?

Aa Gramática

p.132; WB p.65

The perfect tense (regular verbs)

The perfect tense is used to describe things that have happened in the recent past. To form it, use the verb *haber* (to have) in the present tense:

he	I have
has	you (singular) have
ha	he/she/it has
hemos	we have
habéis	you (plural) have
han	they have

Then add the past participle of the verb you want to use (see page 132).

- *he visit**ado***
  I have visited

- *hemos com**ido***
  we have eaten

🎧 Escuchar

2 〜〜 **Listen to these people talking about tourist attractions in Madrid and Barcelona. Complete the sentences (a–f) with the correct option.**

a   The Sagrada Familia should be finished by **2026/2036**.
b   **Real Madrid/Barcelona** also has a great rivalry with Atlético de Madrid.
c   The cathedral in the historic centre of Barcelona is **modernist/gothic**.
d   Twentieth-century paintings can be found in the **Prado/Reina Sofía** art gallery.
e   Gaudí died **of natural causes/in an accident**.
f   You **can/cannot** travel from Barcelona to Italy by boat.

La Sagrada Familia

El Museo del Prado

💬 Hablar

3 **Describe a un(a) compañero/a una ciudad que hayas visitado, usando las expresiones de la lista.**

- He visitado...
- He estado en...
- He ido a...
- He comido...
- He bebido...
- He probado...
- He sacado fotos de...

⇕ Traducir

4 **Read the final lines of *Madrid*, the lyrics to a famous *chotis* (a traditional dance made popular in Madrid) by Mexican songwriter Agustín Lara. Translate the lyrics into English, using the glossary to help you.**

Madrid, Madrid, Madrid,
en México se piensa mucho en ti
por el sabor que tienen tus verbenas
por tantas cosas buenas
que soñamos desde aquí;
y vas a ver lo que es canela fina
y armar la tremolina
cuando llegues a Madrid.

el sabor	flavour
verbenas	open-air dances
soñamos	we dream
canela fina	brilliance, greatness
armar la tremolina	to party hard

CDMX:
la superurbe

Objectives

- Discovering Mexico City
- Using irregular past participles in the perfect tense
- Writing more interesting pieces

📖 Leer

1 **Lorenzo ha visitado Ciudad de México por primera vez. Lee el texto y decide si las frases (a–f) son verdaderas (V), falsas (F) o no mencionadas (NM).**

Primero, mi familia y yo fuimos en vuelo directo desde Madrid a Ciudad de México. Después, fuimos en taxi al centro de la ciudad, cerca de la Plaza del Zócalo. ¡Es la plaza más grande que jamás he visto! Mi lugar favorito fue el Palacio Nacional. ¡Nunca he hecho una visita tan interesante! Los murales de Diego Rivera son preciosos. Diego Rivera fue un pintor muy famoso. Además, fui de paseo al parque Chapultepec. Es un parque histórico, que tiene un zoo. Mi madre ha dicho que el parque es su lugar favorito. ¡Ah! No he olvidado un monumento muy importante: el Ángel de la Independencia. Construido en 1910, es un monumento para celebrar la independencia de España, que ocurrió en 1821.

el vuelo   flight

a   Hay vuelos de Madrid a Ciudad de México todos los días.
b   Lorenzo viajó al centro de la ciudad en taxi.
c   La Plaza del Zócalo es pequeña.
d   Diego Rivera pintó murales.
e   En Chapultepec se pueden ver diferentes especies de animales.
f   México ganó su independencia de España en 1910.

ℹ️ ¡Cultura!

Ciudad de México is the full Spanish name of Mexico City, though it is sometimes abbreviated to CDMX. It is the oldest capital city in the Americas and the largest Spanish-speaking city in the world. Greater Mexico City has a population of more than 20 million people!

Aa Gramática

p.133; WB p.66

Irregular past participles

Be careful! While most past participles end in *–ado* or *–ido*, a number of important ones do not.

Infinitive	Past participle
ver – to see	*visto* – seen
escribir – to write	*escrito* – written
hacer – to do	*hecho* – done
decir – to say	*dicho* – said
volver – to return	*vuelto* – returned
poner – to put	*puesto* – put

🎧 Escuchar

2 〰️ **Listen to Lorenzo and his sister Gloria talking about the Ciudadela artisan market. Then answer the questions in English.**

a When did Gloria and Lorenzo visit the market?

b What was special about the poncho Gloria bought for herself?

c What are *alebrijes*?

d What sort of food are *chapulines*?

e Why would Gloria never try them?

📖 Leer

3 **Lee la guía turística sobre el museo Frida Kahlo y completa el texto con las palabras de abajo.**

LA CASA AZUL
MUSEO FRIDA KAHLO

Esta es la casa donde nació, **1**_____ y murió la artista mexicana más famosa de todos los **2**_____: Frida Kahlo.

¿Dónde?

Está en un **3**_____ de la ciudad que se llama Colonia del Carmen.

¿Cuánto cuesta?

La entrada cuesta **4**_____ pesos por persona. Hay descuentos para familias numerosas y grupos **5**_____.

¿Qué hay?

La Casa Azul **6**_____ objetos personales, ropa y pinturas de Frida Kahlo. Además, hay objetos prehispánicos y fotos antiguas.

¿Qué es lo mejor de la visita?

Lo mejor es que permite a sus visitantes descubrir la **7**_____ que existe entre Frida Kahlo, su casa y sus **8**_____.

contiene | pinturas | vivió | barrio | escolares | **tiempos** | relación | doscientos

✏️ Escribir

4 **Imagina que has visitado La Casa Azul. Describe tu experiencia usando la información de la guía turística de la actividad 3.**

💬 Hablar

5 **Haz una presentación sobre tu visita a la Casa Azul. Puedes usar notas breves.**

◨ Patrones y reglas

Infinitives from the same verb families are conjugated in the same way:

- *escribir* (to write) *he escri**to***
- *describir* (to describe) *he descri**to***
- *poner* (to put) *he **puesto***
- *proponer* (to propose) *he pro**puesto***

⚙️ Estrategia

Writing more interesting pieces

At this point in your studies you should try to write with originality and creativity. For example, you could change the structure and word order of your sentences (while making sure they are still grammatically correct!). You could also use a range of different tenses and even idioms. Aim to include cultural references whenever you can.

Machu Picchu me fascinó

Objectives

• Finding out about Peru
• Forming the imperfect tense
• Listening to native speakers

📖 Leer

1 **Lee sobre la infancia de Mónica en Perú. Empareja las frases (1–6) con los dibujos (a–f).**

Hoy en día Mónica vive en Argentina, pero cuando era pequeña, en Perú,...

1 vivía en una hacienda antigua en una plantación de cacao.

2 iba al instituto en micro, un tipo de autobús pequeño, con sus hermanas menores.

3 ayudaba a sus padres en la plantación.

4 desayunaba tamales y bebía Inca Kola.

5 paseaba por las montañas de los Andes y miraba las llamas.

6 compraba fruta fresca en el Mercado de San Pedro.

a

b

c San Pedro

d

e

f

ℹ️ ¡Cultura!

Inca Kola is a Peruvian soft drink with a sweet, fruity flavour made from the leaves of the lemon verbena plant. It is recognisable by its golden yellow colour, and has become a national icon in Peru.

Aa Gramática

p.133; WB p.67

The imperfect tense

This tense is used to describe repeated actions in the past (what 'used to' be done) or what someone was doing. To form it, remove the last two letters of the infinitive and add the following endings:

	–ar	–er/–ir
yo	aba	ía
tú	abas	ías
él/ella	aba	ía
nosotros/as	ábamos	íamos
vosotros/as	abais	íais
ellos/as	aban	ían

jugaba	I used to play/I was playing
vivían	they used to live/they were living
llevabas	you used to wear/you were wearing

There are only three irregular verbs in the imperfect tense:

ser → era
ir → iba
ver → veía

🎧 Escuchar

2 〰️ **Escucha a Mónica hablar sobre su vida en Perú y contesta las preguntas en español.**

a ¿**Cuándo** desayunaba tamales?

b ¿**Con qué frecuencia** bebía Inca Kola?

c ¿**Por qué** le gusta la lúcuma?

d ¿**Cuándo** ayudaba a su familia en la plantación de cacao?

e ¿**Con quién** vivía la familia de Mónica?

f ¿**Cómo** son las llamas? (**2**)

⚙️ Estrategia

Listening to native speakers

You should regularly listen to native speakers, for example by listening to video and audio clips. Try watching the *¡Claro!* video series! Listen carefully for intonation and pay attention to gestures and facial expressions.

📖 Leer

3 **Read Mónica's account of her visit to Machu Picchu. Explain in English what each of the numbers below relates to (a–f).**

🔍 _____

Hace dos años, cuando tenía doce años, visité Machu Picchu con mi clase del instituto.

Machu Picchu está a ¡más de dos mil cuatrocientos metros de altura! Subimos en tren, y el viaje duró tres horas desde Cusco.

Una vez arriba, nuestra profesora nos explicó que Machu Picchu se construyó para un emperador Inca en el año 1450 aproximadamente. Mientras comía mi bocadillo de jamón, vimos diez llamas.

*Example: **a** 2 – number of years ago that Mónica visited Machu Picchu*

a	2	c	2,400	e	1450
b	12	d	3	f	10

🇨 Patrones y reglas

The imperfect tense and the preterite tense can be used together to narrate events.

*Un día, cuando **jugaba** al fútbol, **vi** una llama en mi jardín.*

One day, when **I was playing** football, **I saw** a llama in my garden.

💬 Hablar

4 **Mira la foto de Machu Picchu, luego contesta las preguntas en español.**

a ¿Qué hay en la foto?

b ¿Te gustaría ir a Machu Picchu? ¿Por qué (no)?

c Describe una visita que hiciste a un monumento famoso en el pasado.

⇕ Traducir

5 **Traduce al español las frases (a–d), usando los verbos en imperfecto y en pretérito.**

a While we were travelling, I took photos. (*viajar*) (*sacar*)

b I was eating tamales when my friends saw a llama. (*comer*) (*ver*)

c We used to live in Cusco, but last year my parents decided to go to Lima. (*vivir*) (*decidir*)

d My grandparents used to visit us a lot, but they couldn't come last month. (*visitar*) (*poder*)

¡Vente al Caribe!

Objectives

- Learning about life in Cuba
- Using reflexive verbs in different tenses
- Comparing and contrasting cultures

📖 Leer

1 Lee esta página del blog de la cocinera cubana Patri López. Completa el texto con los verbos correctos del recuadro.

🔍

Mi vida al estilo caribeño

Mucha gente piensa que la vida en Cuba es relajada… ¡pero no es siempre verdad! Ayer, me desperté a las siete y cuarto y **1**_____ antes de ir a mi restaurante. ¡Creo que nunca **2**_____ por la mañana! Mi hermano Romualdo trabaja conmigo. Él **3**_____ más temprano que yo – ¡a las seis de la mañana! – porque va al mercado central para **4**_____ los ingredientes: arroz, papayas, plátanos grandes, aguacates, pescado… El miércoles que viene tengo unos clientes muy importantes y voy a cocinar algo especial. Romualdo va a **5**_____ muy temprano para poder cocinar todos los postres por la mañana. El fin de semana tengo vacaciones y mi familia y yo **6**_____ en el mar, en la playa.

> se despierta   acostarse   me he peinado
> nos bañaremos   me duché   comprar

2 Lee el texto otra vez y haz una lista de todos los verbos reflexivos.

Ejemplo: me desperté

Aa Gramática

Reflexive verbs in different tenses

Reflexive verbs generally need a reflexive pronoun (*me, te, se, nos, os, se*) placed before the verb.

me ducho	I have a shower
me relajo	I relax

When using the present continuous or near future tenses you can put the reflexive pronoun at the start of the expression or on the end of the infinitive or present participle:

- *estoy duchándome / me estoy duchando*
- *vamos a relajarnos / nos vamos a relajar*

⚙️ Estrategia

Comparing and contrasting cultures

Try to make comparisons with your own country or, even better, between two Spanish-speaking cultures. Read the text about Cuba in activity 3. How is Cuba different to your own country?

📖 Leer

3 Lee la lista de razones para ir a Cuba y contesta las preguntas (a–f) en español.

a ¿**Dónde** están los hoteles más espectaculares?

b ¿**Qué tipo** de ciudad es La Habana, la capital?

c ¿De **qué décadas** son los coches de todos los colores?

d ¿**Cómo** son los médicos?

e ¿**Qué** hay para los turistas en Pinar del Río, Santiago de Cuba y Camagüey?

f ¿**Cuáles** son los dos tipos de música mencionados en el texto?

Cuba
seis razones para venir

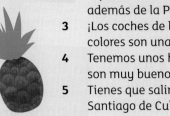

1 Tenemos los hoteles más espectaculares para tus vacaciones, al lado de las mejores playas de arena blanca.

2 La Habana, la capital, es una ciudad de estilo colonial español. Visitar el Capitolio es muy recomendable, además de la Plaza Vieja y la catedral de San Cristóbal.

3 ¡Los coches de los años cincuenta y sesenta de todos los colores son una maravilla!

4 Tenemos unos hospitales fenomenales con médicos que son muy buenos.

5 Tienes que salir de la capital y visitar Pinar del Río, Santiago de Cuba o Camagüey. Allí es posible visitar las plantaciones de tabaco.

6 La música es muy importante en Cuba, y es normal escuchar salsa o el son cubano en la calle, en la playa y ¡hasta en las tiendas!

🎧 Escuchar

4 〰️ **Listen to a reporter giving four more reasons to visit Cuba. Complete the English sentences with the correct information.**

la cadena	chain
el analfabetismo	illiteracy

a You can completely switch off from the…

b The Internet connection…

c There are no…

d Cuban people are… (**three** details)

e Illiteracy almost…

f The climate is perfect because there are…

✏️ Escribir

5 Diseña un folleto turístico (*tourist leaflet*) sobre Cuba. Menciona:

• por qué Cuba es un destino ideal para ir de vacaciones

• por qué Cuba es tan única en comparación con otros países.

💬 Hablar

6 **Tienes que convencer a tu compañero/a de que Cuba sería un destino ideal.**

Me gustaría ir de vacaciones. ¿Qué me recomiendas?

Cuba sería un destino ideal porque…

 ¡Arriba, arriba!
....

If possible, practise beforehand and then ask someone to listen and give you feedback.

De Colombia a Venezuela

Objectives

- Planning a trip across South America
- Combining the future and conditional
- Using different grammatical structures

📖 Leer

1 Read the messages from Sonia and Zuria, who are going to Colombia and Venezuela. Answer the questions (a–f) in English.

¡Me muero de ganas de empezar este viaje! Para mí, lo más emocionante será, sin duda, hacer submarinismo entre los corales de la isla de San Andrés, en Colombia. Pero antes de eso querría pasar dos o tres noches en la capital, Bogotá. Es una ciudad fascinante y la temperatura media anual es de veinte grados… ¡genial! Me gustaría ir a la plaza de toros de Santamaría para ver una corrida de toros, aunque es poco probable porque Zuria está en contra. Piensa que es maltrato animal.

@Sonia

Yo preferiría pasar más tiempo en la capital de Venezuela, Caracas, porque el Museo de Arte Contemporáneo de Caracas es uno de los más importantes de Latinoamérica. Desde allí, iré en coche a la ciudad de Maracaibo, que tiene una calle famosa, la calle Carabobo, donde hay casas coloniales de muchos colores. Lo mejor del viaje será hablar con la gente de allí y escuchar los diferentes acentos de Venezuela y Colombia.

@Zuria

¡me muero de ganas de…!	I am dying to…!
corrida de toros	bullfight

a What will be the most exciting thing about the trip for Sonia?

b Why does Sonia really like the climate in Bogotá?

c Is it likely that Sonia will go to a bullfight? Justify your answer.

d Why would Zuria prefer to spend more time in Caracas?

e What is particularly interesting about Calle Carabobo?

f What will be the best thing about the trip according to Zuria? (**two** details)

Aa Gramática

The future and conditional

Remember, the future tense ('will') and conditional ('would') are both formed by adding specific endings to the infinitive form of the verb.

comeré	I will eat
comería	I would eat

Irregular verbs do not make use of the infinitive, but share the same stem.

haré	I will do
haría	I would do

⬦ Traducir

2 Translate Sonia's message from activity 2 into English, from the beginning until *¡genial!*

🎧 Escuchar

3 〰️ **Escucha a Noé, Zuria y Sonia. Completa las frases (1–8) con la información correcta. ¡Cuidado! Hay dos letras que no necesitas.**

teleférico	cable car
edificios	buildings

1 Noé se levantará…
2 Noé preferiría desayunar…
3 La lulada…
4 A Zuria le…
5 Zuria piensa que la expedición…
6 Sonia no…
7 La Casa del Sol es…
8 Es posible hacer windsurf…

a duele la cabeza durante el vuelo.
b tostadas con aguacate.
c hablará por teléfono.
d un edificio famoso de Venezuela.
e en la Península de Paraguaná.
f temprano cada día.
g va a dormir temprano.
h es un zumo típico de Colombia.
i gusta el viaje en avión.
j será una experiencia magnífica.

> **! ¡Atención!**
>
> Focus on the grammar. Usually, for each sentence starter, there will only be two or three endings that fit. Once you have narrowed down the options, listen/read carefully and choose what you think fits best.

💬 Hablar

4 **Juego de rol. Prepara un diálogo con tu compañero/a usando la información de abajo.**

¿Dónde irás? → *Cali, a city in Colombia*

¿Qué lugares visitarás allí? → *Plaza de Cayzedo and Parque del perro*

¿Qué actividades harás allí? → *dance salsa, visit the Feria de Cali*

¿Qué comida y bebida probarás? → *eat lots of arepas and drink lulada*

✏️ Escribir

5 **¿Cómo sería tu aventura en Colombia o Venezuela? Usa la información de la actividad 3 y escribe un párrafo de más de 60 palabras. Menciona:**

- dónde irías, con quién y en qué transporte
- qué lugares visitarías
- qué actividades te gustaría hacer
- qué comida y bebida probarías.

> **⚙️ Estrategia**
>
> **Using different grammatical structures**
> Aim to have a bank of grammatical structures to use when speaking or writing:
> - past and future expressions
> - conjunctions
> - idioms and idiomatic expressions.

¡Zona cultura!
Bienvenid@s a Guinea Ecuatorial

📖 Leer

1 Read the facts about Equatorial Guinea and complete the table in English with the correct information.

1 Es el único país de África donde el español es lengua oficial.

2 Es un país pequeño con aproximadamente 1.220.000 habitantes.

3 El país está compuesto por un territorio continental, que se llama Río Muni, y cinco islas.

4 La ciudad más grande del país no es Malabo, la capital. Es Bata, una ciudad que fue capital en el pasado.

5 La población está formada mayormente por dos tribus: los Bubi y los Fang.

6 El Parque nacional de Monte Alén es un bosque tropical espectacular donde viven gorilas, leopardos, chimpancés y cocodrilos.

7 El país es productor de petróleo, que es la principal exportación del estado.

8 La comida más típica es el ñame, la fruta y el pescado fresco.

tribus	tribes
el ñame	yam

La Catedral de Bata

Ñame

Equatorial Guinea	
Official language	
Population	
Capital city	
Largest city	
Main tribes	
Species in Monte Alén National Park	
Main export	
Typical foods	

⬍ Traducir

2 Translate facts 1, 2 and 3 into English.

🎧 Escuchar

3 〜 Escucha a Francisco, que vive en Bata, y decide si las frases (a–g) son verdaderas (V), falsas (F) o no mencionadas (NM).

a El hermano mayor de Francisco está casado.
b En Guinea Ecuatorial normalmente los miembros de la familia viven separados.
c La tienda del padre de Francisco es muy popular.
d Francisco es descendiente de la tribu Fang.
e Francisco es doctor.
f La Universidad de Bata tiene una Facultad de Medicina muy buena.
g Los doctores cubanos hablan español.

casado/a   married

💬 Hablar

4 Lee las notas de historia con un(a) compañero/a de clase, luego contesta las preguntas en español.

Notas de historia

- El 12 de octubre es un día muy importante, porque es el día de la independencia. Guinea Ecuatorial dejó de ser una colonia en el año 1968.

- En el año 1995 se descubrió petróleo en la zona y la economía creció rápidamente. Sin embargo, solo una minoría de la población disfruta del dinero del petróleo.

- Además del español, en el país se hablan otras lenguas como el fang, el bubi, el benga y el balengue.

creció   grew

a ¿Por qué el 12 de octubre es un día muy importante para Guinea Ecuatorial?
b ¿Quién disfruta del dinero del petróleo en Guinea Ecuatorial?
c ¿Qué otros idiomas se hablan en Guinea Ecuatorial?

✏️ Escribir

5 Vas a visitar Guinea Ecuatorial este verano. Escribe el plan de tu visita en unas 60 palabras. Menciona:
- por qué vas a Guinea Ecuatorial
- con quién vas
- cuánto tiempo vas a pasar allí
- los sitios que vas a visitar.

Labo-lengua

Radical-changing verbs in the present tense

Radical-changing verbs (also known as stem-changing verbs) use the same endings as regular verbs, but have a vowel change in the middle.

pensar – to think	
pienso	I think
piensas	you (singular) think
piensa	he/she thinks
pensamos	we think
pensáis	you (plural) think
piensan	they think

poder – to be able to	
puedo	I can
puedes	you (singular) can
puede	he/she/it can
podemos	we can
podéis	you (plural) can
pueden	they can

1 Complete each sentence (a–f) with the correct form of the verb in brackets in the present tense.

a Macarena _____ que la Inca Kola es deliciosa. (*pensar*)

b Mis abuelos no _____ comer carne porque son vegetarianos. (*poder*)

c ¿Vosotros _____ que el quechua es un idioma difícil? (*pensar*)

d Nosotros _____ que Venezuela es más interesante que Colombia. (*pensar*)

e Yo no _____ subir al Machu Picchu porque me mareo fácilmente. (*poder*)

f Mi abuela no _____ hablar español con facilidad. (*poder*)

The perfect tense

The perfect tense is used to describe things that have happened in the recent past. To form it, use the verb *haber* (to have) in the present tense:

he	I have
has	you (singular) have
ha	he/she/it has
hemos	we have
habéis	you (plural) have
han	they have

Follow it with the past participle of the verb you want to use. A past participle in English often ends in '–ed' (e.g. 'jumped', 'talked', 'listened'). To form past participles for regular –ar verbs in Spanish, remove the ending from the infinitive and replace it with –ado.

- *hablar* → *hablado* (talked)
- *jugar* → *jugado* (played)

To form past participles for regular –er and –ir verbs, remove the ending and replace it with –ido.

- *comer* → *comido* (eaten)
- *vivir* → *vivido* (lived)

2 Complete the table with the past participle of each infinitive and its translation into English.

Infinitive	Past participle	English
depender	*dependido*	*depended*
ir		
viajar		
sacar		
llamar		
vivir		
decidir		
aprender		

Aa Gramática

Irregular past participles

When using the perfect tense, it is important that you know the following irregular past participles from memory.

Infinitive	Past participle	English
ver	visto	seen
escribir	escrito	written
hacer	hecho	done
decir	dicho	said
volver	vuelto	returned
poner	puesto	put
morir	muerto	died
abrir	abierto	opened

- *he puesto*
  I have put
- *han escrito*
  they have written
- *habéis dicho*
  you (plural) have said
- *hemos visto*
  we have seen

3 **Translate the following sentences into Spanish.**

a   I have put the pen on the table.
b   They have returned to Cuba.
c   The museum has opened.
d   You have written a message.
e   We have seen the Sagrada Familia.

Pronunciación: ñ

The 'ñ' is a letter of the Spanish alphabet and has its own distinct sound, which is not difficult to pronounce. Its sound ('en-ya') is achieved by gently placing as much of your tongue as possible on the roof of your mouth halfway through saying a typical English 'n' sound.

> caribeño   montaña   mañana   niño

4 **Try saying the following: 'Niña ñoña añoñada, añoñado niño ñoño.'**

Aa Gramática

The imperfect tense

This tense is used to describe repeated actions in the past (what 'used to' be done) or what someone was doing. Turn to page 149 to see the verb endings for regular verbs in the imperfect tense.

- *viajaban*   they used to travel/they were travelling
- *comías*   you used to eat/you were eating

There are only three irregular verbs in the imperfect tense:

ser – to be	ir – to go	ver – to see
era	iba	veía
eras	ibas	veías
era	iba	veía
éramos	íbamos	veíamos
erais	ibais	veíais
eran	iban	veían

While the imperfect tense describes actions that were happening or used to happen, the preterite tense describes a completed past action. It is therefore common to see both in sentences narrating past events.

- ***Vi** una llama cuando **paseaba** por Machu Picchu.*
  I saw a llama while I was walking through Machu Picchu.

5 **Read the sentences (a–d) and choose the correct options.**

a   El año pasado, yo **fui/iba** por primera vez de vacaciones a Cuba.
b   Soy española pero cuando **fui/era** pequeña **tuve/tenía** amigos cubanos y a veces **jugué/jugaba** con ellos en el parque.
c   El primer día de mis vacaciones, **saqué/sacaba** muchas fotos de los mercados tradicionales.
d   Por la tarde, mientras **comí/comía** en un restaurante, **vi/veía** un coche muy antiguo.

El podio de los campeones

Bronce

1 Read Yolanda's social media post. Read the sentences (a–h) and decide if each is true (T), false (F) or not mentioned (NM).

🔍 _____

Soy española, pero me fascina el continente latinoamericano. ¡Es tan grande y variado!

Por ejemplo, aunque la gente latinoamericana habla español como yo, hay muchos acentos y palabras diferentes. En Argentina, no se usa la palabra 'tú', se dice 'vos', y en Colombia, un móvil es un 'celular'.

Además, es evidente que no existe 'un clima latinoamericano'. Por ejemplo, el clima de Cancún, México, no es igual al clima de Ushuaia, una ciudad del sur de Argentina. ¡He visto peces tropicales en Cancún y pingüinos en Ushuaia!

Finalmente, la comida latinoamericana es muy diversa. Hay platos prehispánicos que todavía son muy populares, como las arepas, que se comen en varios países, como Colombia y Venezuela, o los tamales de México.

a   Yolanda is from Latin America.
b   Argentinian Spanish is easier than Colombian Spanish.
c   *Tú* and *vos* both mean 'you' in English.
d   The word for mobile phone in Colombian Spanish is *celular*.
e   There is no such thing as a 'Latin American climate'.
f   Ushuaia is generally a warm city.
g   Some pre-hispanic dishes are still popular today in Latin America.
h   Tamales are quite difficult to make.

Plata

2 Lee el mensaje de Guillermo. Lee las ocho frases y selecciona las <u>cinco</u> frases correctas.

Read Guillermo's message. Choose the correct <u>five</u> sentences from the eight below.

Fui a Barcelona, la segunda ciudad más grande de España. Primero, fui a una iglesia muy grande y moderna que se llama la Sagrada Familia. Nunca he visto un edificio tan original. Después, comí escalibada, un plato vegetariano.

También monté en bici para subir a una montaña que se llama Tibidabo. Allí las vistas de la ciudad son maravillosas. Barcelona es tan entretenida como Madrid, pero más exótica. No tuve problemas con el transporte público porque es muy eficiente y rápido.

Lo mejor de ir a Barcelona fue que pude pasar las tardes en la playa y nadar en el mar.

¡Ah! También hice una visita guiada por el estadio Camp Nou. ¡Cuántos trofeos ha ganado el F.C. Barcelona!

a   Barcelona no es la ciudad más grande de España.
b   A Guillermo no le gustó mucho la Sagrada Familia.
c   Una persona vegetariana puede comer escalibada.
d   El Tibidabo ofrece unas vistas impresionantes de Barcelona.
e   Madrid es menos exótica que Barcelona.
f   Guillermo tiene una opinión positiva sobre el transporte público de Barcelona.
g   Por la mañana, Guillermo nadó en la piscina.
h   El Real Madrid juega en el Camp Nou.

Oro

3 📖 **Lee el texto de Matías y empareja los títulos (1–5) con los párrafos correctos (a–e).**

a Vivo en Medellín, en el sur de Colombia. Es una ciudad muy dinámica y mi vida aquí es muy rápida. El sector financiero de la ciudad es bastante grande. Yo trabajo para Bancolombia, un banco importante en el centro.

b Por lo general, tengo que levantarme muy temprano todos los días. Desayuno en la cocina, luego salgo de casa y suelo tomar el metro de Medellín para ir al trabajo.

c Mi comida favorita es la 'bandeja paisa', un plato muy representativo de Medellín. Tiene muchos ingredientes como carne, arroz, frijoles, plátano, huevo frito, chorizo, aguacate ¡y arepa!

d Hay mucha cultura en Medellín. El famoso pintor Fernando Botero nació aquí y cuando yo era pequeño pasaba mucho tiempo en la plaza Botero, donde hay muchas esculturas creadas por él.

e Con respecto a los deportes, el fútbol es muy popular. Hay dos equipos profesionales: el Atlético Nacional y el Independiente Medellín. El estadio principal es muy impresionante y en el futuro podría albergar muchos eventos.

albergar   to host

1 El arte
2 Mi rutina diaria
3 La economía
4 El deporte
5 La gastronomía

⬆ **¡Arriba, arriba!**
....
When completing challenging reading activities, note down any new impressive words and expressions you see, then try to use them in your next speaking and writing tasks. Doing this will help you remember them and will also improve the quality of your work.

4 📖 **Completa las frases en inglés con la información de la actividad 3.**

a The financial sector is...
b I have to...
c I usually take...
d *La bandeja paisa* contains ingredients such as...
e When I was little I used to...
f In Botero Square there are...
g The main stadium could...

5 ✏ **Has pasado un día en Medellín, Colombia. Escribe 80 palabras sobre tu visita. Para cada punto, da una opinión y justifícala. Menciona:**

• el transporte que usaste
• los sitios que visitaste
• los platos que comiste
• tu impresión de la ciudad
• si tienes la intención de volver o no.

¡Demuestra lo que sabes!

🎧 Escuchar

1 〰️ Escucha las opiniones sobre las ciudades de Madrid y Barcelona. Decide si la opinión de cada uno es positiva (P), negativa (N), o positiva y negativa (P+N).

a   Carlos
b   Luisa
c   Marisa

2 〰️ Listen to Carlos, Luisa and Marisa again and answer the questions in English.

a   How long did Carlos spend in the Prado Museum?
b   Where did he go after the Santiago Bernabéu Stadium?
c   How long is Luisa staying in Barcelona?
d   What is her opinion about *Las Ramblas*?
e   What are the three best aspects of Madrid and Barcelona according to Marisa?

📖 Leer

3 Read the following report on Hispanic culture in Texas, then read the list of numbers (a–e). Explain in English what each number refers to.

Los primeros exploradores españoles llegaron a Texas hace unos quinientos años, y controlaron el estado durante más de cien. Hoy en día hay unos siete millones de hispanohablantes en Texas: el treinta por ciento de la población.

Muchos expertos creen que, el año que viene, el número de personas de origen hispano en Texas aumentará un diez por ciento.

a   500
b   100
c   7,000,000
d   30%
e   10%

⇕ Traducir

4 Translate the end of the report into English, from *Muchos expertos creen…*

💬 Hablar

5 Juego de rol. Con un(a) compañero/a, contesta las preguntas con la información de uno de los recuadros.

- ¿Has ido a España alguna vez?
- ¿Te gustaría ir a un país latinoamericano? ¿Por qué?
- ¿Qué visitarías allí?

A	**B**
Barcelona – last year – one week – with family	Madrid – in July – a weekend – with friends
Yes – Venezuela – very beautiful, ideal climate	Yes – Colombia – historic, lots of beaches in the north
Caracas	San Andrés Island

⇕ Traducir

6 Traduce al español el siguiente párrafo sobre Cuba.

Cuba is a very large island with a very interesting history and a lot of culture. First, I would recommend a visit to the capital, Havana. The old cars, the colonial buildings and the museums are wonderful. A weekend in Varadero would also be fun. There you will find beautiful beaches and spectacular hotels. I have visited many countries in Latin America, but Cuba is my favourite.

Mi lista de logros

I can...

6.1 ¡Vamos a Texas!

- ☐ discuss Hispanic influence on Texan culture
- ☐ use radical-changing verbs in the present tense
- ☐ list some radical-changing verbs from memory
- ☐ say whether I would like to live in Texas and why

- • *la comida tejana, el rodeo, el idioma...*
- • *puedo, duermo, empiezo, pienso...*
- • *pedir, morir, querer, perder*
- • *viviría en Texas porque...*

6.2 Madrid vs. Barcelona

- ☐ name a range of important monuments in Madrid and Barcelona
- ☐ compare and contrast the two cities
- ☐ use regular verbs in the perfect tense
- ☐ use Spanish idioms in speaking and writing

- • *el Museo del Prado, la Sagrada Familia...*
- • *los museos de Madrid son increíbles, nos encantan el idioma y la cultura catalana*
- • *he visitado Barcelona recientemente...*
- • *es pan comido, no cuesta un ojo de la cara...*

6.3 CDMX: la superurbe

- ☐ describe a number of key sites in Mexico City
- ☐ use irregular past participles in the perfect tense
- ☐ use various techniques to write more interesting pieces
- ☐ describe *La Casa Azul* and its importance in Mexican culture

- • *en el Palacio Nacional hay murales de Diego Rivera, fui al parque Chapultepec...*
- • *he visto el Ángel de la Independencia...*
- • change the structure of my sentences, use a range of different tenses and idioms
- • *es la casa donde nació Frida Kahlo...*

6.4 Machu Picchu me fascinó

- ☐ understand the importance of Machu Picchu
- ☐ use the imperfect tense in detail
- ☐ narrate using imperfect and preterite tenses
- ☐ regularly listen to native speakers

- • *se construyó para un emperador Inca...*
- • *paseaba por las montañas, bebía Inca Kola*
- • *comía un bocadillo cuando vi una llama*
- • listen to Internet clips, watch films

6.5 ¡Vente al Caribe!

- ☐ understand different aspects of Cuban culture
- ☐ give a number of reasons to visit Cuba
- ☐ use reflexive verbs in different tenses
- ☐ compare and contrast Cuban culture with others

- • *la comida, la educación, la música...*
- • *la gente amable, el clima perfecto...*
- • *me desperté tarde, nos bañaremos en el mar*
- • *en Cuba no hay cadenas de restaurantes...*

6.6 De Colombia a Venezuela

- ☐ name iconic places in Colombia and Venezuela
- ☐ combine the future and conditional
- ☐ describe a planned trip across Latin America

- • *el Parque Nacional de Tayrona, Maracaibo...*
- • *podría visitar..., iré a...*
- • *empezaré mi viaje en la capital...*

Vocabulario

6.1 ¡Vamos a Texas!
Let's go to Texas!

el béisbol	baseball
la comida Tex-Mex	Tex-Mex food (a mixture of Texan and Mexican traditions)
el estado	state
los frijoles	beans
la frontera	border
la mezcla	mixture
la montaña	mountain
el río	river
el rodeo	rodeo
encontrar	to find
montar a caballo	ride a horse
me muero por...	I'm dying to...
cerca	near, close
exquisito/a	exquisite, delicious

6.2 Madrid vs. Barcelona
Madrid vs. Barcelona

el arquitecto	architect
la avenida	avenue
la catedral	cathedral
el cocido	traditional chickpea stew
el edificio	building
el garbanzo	chickpea
el guiso	stew
el palacio	palace
la pintura	painting
la rivalidad	rivalry
el sabor	flavour, taste
el trozo	piece
esperar	to hope, wish/wait
morir	to die
pasear	to stroll

cuesta un ojo de la cara	it costs an arm and a leg
es pan comido	it's a piece of cake
ser canela fina	to be brilliant, amazing
somos uña y carne	we are like peas in a pod

6.3 CDMX: la superurbe
CDMX: the megacity

construir	to build, construct
ocurrir	to happen, occur
proponer	to propose
precioso/a	beautiful
prehispánico/a	pre-hispanic (before the Spanish conquest of Central and South America)
la artesanía	arts and crafts/craftwork
la bandera	flag
los chapulines	grasshoppers
el lugar	place
el mural	mural
el objeto	object
el/la pintor(a)	painter
la plaza	square (in town/city)
el poncho	poncho (South American clothing, made from a single piece of material)
el quiosco de comida	streetfood stall
el vuelo	flight
el zoo	zoo

6.4 Machu Picchu me fascinó
Machu Picchu fascinated me

decidir	*to decide*
subir	*to go up*
trabajar	*to work*
la altura	*altitude*
la hacienda	*ranch, estate*
la infancia	*childhood*
el micro	*small bus (Latin America)*
la plantación de cacao	*cocoa plantation*
la ruina	*ruin*
el tamal	*tamale (traditional Latin American corn-based dish*
gracioso/a	*funny*
refrescante	*refreshing*
rico/a	*delicious/rich*

6.5 ¡Vente al Caribe!
Come to the Caribbean!

abierto/a	*open (personality)*
amable	*kind*
caribeño/a	*Caribbean*
cualificado/a	*qualified*
cubano/a	*Cuban*
relajado/a	*relaxed*
único/a	*unique*
el/la agente de viajes	*travel agent*
el analfabetismo	*illiteracy*
la cadena	*chain*
el/la cliente	*customer*
la década	*decade*
el destino	*destination*
disfrutar de	*to enjoy*
el origen	*origin*
la razón	*reason*
desconectar	*to switch off, escape*
disfrutar de	*to enjoy*

6.6 De Colombia a Venezuela
From Colombia to Venezuela

acompañar	*to accompany, go with*
hacer submarinismo	*to do scuba diving*
hacer windsurf	*to do windsurfing*
me muero de ganas de	*I'm dying to...*
pasar	*to spend (time)*
la aventura	*adventure*
la expedición	*expedition*
el aguacate	*avocado*
la arepa	*corn flour pancake*
el coral	*coral*
la corrida de toros	*bullfight*
el edificio	*building*
la lulada	*traditional Colombian fruit juice*
la plaza de toros	*bullring*
el teleférico	*cable car*

> You'll find more useful vocabulary on pages 6–7 and in the glossary at the back of this book.

Gramática

Nouns: gender

A noun identifies a person, a place or a thing. All nouns in Spanish have either masculine or feminine gender. Masculine nouns often end in –o (e.g. *vestido*), and feminine nouns in –a (e.g. *película*).

Nouns: number

Nouns in Spanish can be either singular (one) or plural (more than one). Nouns that end in a vowel add an –s in the plural form.

brazo ➜ *brazos* – arms

If the noun ends in a consonant, –es is added to form the plural.

color ➜ *colores* – colours

Note that if the noun ends in a –z, the –z is replaced by –ces in the plural.

nariz ➜ *narices* – noses

The definite article

In Spanish, the definite article, 'the', has four different forms relating to gender and number.

	masculine	feminine
singular	el	la
plural	los	las

el camarero – the waiter

la fruta – the fruit

los platos – the dishes

las vacaciones – the holiday

When talking about things in a more general sense, the definite article is still used in Spanish, even though it is not used in English.

El verano pasado fui a Cuba. – Last summer I went to Cuba.

Inclusive language

When a plural noun includes both masculine and feminine elements, the masculine noun is used. For example, *hermanos* could mean 'brothers' or 'brothers and sisters'.

It is increasingly common to see Spanish-speakers, especially online, expressing gender in a more inclusive way, using the endings –xs or –es.

todos los niños – all the children

→ *todxs lxs niñxs*

→ *todes les niñes*

The indefinite article

The indefinite article also has four different forms. In the singular form, it means 'a', and in the plural 'some'.

	masculine	feminine
singular	un	una
plural	unos	unas

un plátano – a banana

unos plátanos – some bananas

Adjectives

An adjective is a word that provides a noun with a description or a quality.

In Spanish, all adjectives agree in gender and number with the noun they describe. They are usually placed after the noun.

	masculine	feminine	masc. plural	fem. plural
nice	simpático	simpática	simpáticos	simpáticas
interesting	interesante	interesante	interesantes	interesantes
easy	fácil	fácil	fáciles	fáciles
chatty	hablador	habladora	habladores	habladoras

un desayuno sano – a healthy breakfast

unos monumentos interesantes – some interesting monuments

Mejor and *peor*

As adjectives, *mejor* ('best'/'better') and *peor* ('worst'/'worse') are placed before the noun and can be singular or plural, depending on what they describe.

mi mejor amigo – my best friend

las peores películas – the worst films

Madrid es mejor que Barcelona. – Madrid is better than Barcelona.

Cardinal and ordinal numbers

Cardinal numbers are generally for counting (1, 2, 3...) and ordinal numbers are adjectives (first, second, third...).

cardinal	ordinal
uno – one	primero – first
dos – two	segundo – second
tres – three	tercero – third
cuatro – four	cuarto – fourth
cinco – five	quinto – fifth
seis – six	sexto – sixth
siete – seven	séptimo – seventh
ocho – eight	octavo – eighth
nueve – nine	noveno – ninth
diez – ten	décimo – tenth

Cardinal numbers do not agree with the noun in number or gender, apart from the number one (*uno*) and numbers 200 and above.

***una** playa* – a beach

***trescientas** personas* – three hundred people

Ordinal numbers agree with the nouns they are describing in both gender and number. They are also usually placed before the noun.

*En la **cuarta** planta está el dormitorio de mis padres.* – My parents' bedroom is on the fourth floor.

Note that the words for 'first' (*primero*) and 'third' (*tercero*) lose the final *–o* when used before a masculine noun.

el tercero día → *el **tercer** día*

Personal pronouns

Personal pronouns are used instead of the noun. They are not used as often as they are in English because in Spanish, it is the ending of the verb that reveals who is speaking.

Singular	I	yo
	you	tú
	he/she/it	él/ella
Plural	we	nosotros/nosotras
	you	vosotros/vosotras
	they	ellos/ellas

'Como verdura' has the same meaning as **'Yo como verdura',** but the personal pronoun can also provide emphasis ('I **do eat** vegetables') and clarity.

> **Yo** como verduras pero **ellos** comen comida rápida. – **I** eat vegetables but **they** eat fast food.

Also note expressions such as:
soy yo – it's me   eres tú – it's you

Tú and usted

In Spanish, you can address someone informally, using the tú form of the verb, or more formally, using the usted form, which is the third person singular. The usted form is used when you want to show someone more respect, such as when talking to an older person. When using these forms of address, the inclusion of the personal pronouns tú and usted is optional.

> ¿Qué desea, señor? – What would you like, sir?

> ¿Usted puede ayudarme? – Can you help me?

Verbs: infinitives

A verb is a word used to describe an action or state. The basic form of a verb is called an infinitive (infinitivo). In Spanish, there are three types of infinitive: –ar (the most common type), –er and –ir.

The present tense – regular verbs

This tense refers to current actions and general descriptions. To form the present tense, take off the –ar, –er or –ir of the infinitive and replace it with one of the following endings.

	–ar	–er	–ir
I	o	o	o
you (singular)	as	es	es
he/she/it	a	e	e
we	amos	emos	imos
you (plural)	áis	éis	ís
they	an	en	en

> viajar – to travel ➜ viajamos – we travel

> salir – to go out ➜ salen – they go out

Ser and estar

These two irregular verbs both mean 'to be'.

Ser is used for general descriptions, permanent conditions and telling the time.

Estar is used for positions and location, temporary conditions and emotions.

> Soy muy alto. – I am very tall.

> Son las dos. – It is two o'clock.

> Están en el centro. – They are in the centre.

> El agua está caliente. – The water is warm.

Radical-changing verbs

Radical-changing verbs (or stem-changing verbs) use the same endings as regular –ar, –er, and –ir verbs in the present tense but have a vowel change in the middle.

There are a number of different types of radical-changing verbs in the present tense. Two of the most common are:

e ➜ ie

pensar ➜ p**ie**nso

preferir ➜ pref**ie**ro

o ➜ ue

poder ➜ p**ue**do

dormir ➜ d**ue**rmo

You will also see the following changes:

e ➜ i

pedir ➜ p**i**do

u ➜ ue

jugar ➜ j**ue**go

Note that there's no spelling change in the nosotros/as and vosotros/as forms.

Soler + infinitive

Soler is a radical-changing verb and is used to describe what you or others usually do. It is formed by choosing the appropriate form of the verb in the present tense and following it with a verb in the infinitive form.

> *suelo* – I usually
> *sueles* – you (singular) usually
> *suele* – he/she/it usually   } + infinitive
> *solemos* – we usually
> *soléis* – you (plural) usually
> *suelen* – they usually
>
> *Suelen ir en coche.* – They usually go by car.

The near future tense

By combining a form of the verb *ir* in the present tense with the preposition *a* and an infinitive, you can say what you or others are going to do in the near future.

> *voy*
> *vas*
> *va*   } + *a* + infinitive
> *vamos*
> *vais*
> *van*
>
> *Vamos a ir de vacaciones.* – We are going to go on holiday.

Verbs like *me gusta*

Me gusta ('I like') literally translates as 'it is pleasing to me'. This means that an *–n* must be added to the end of the verb when what you or someone else likes is plural, i.e. 'they are pleasing to me'.

> *Me gusta mi amiga.* ➜ *Me gustan mis amigas.*

Other verbs you have come across that work in this way include *me duele*, *me mola*, *me chifla*, *me fascina* and *me interesa*.

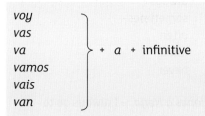

singular
Me duele la mano.
Me chifla el deporte.
plural
Me duelen las manos.
Me chiflan los deportes.

Opinions with infinitives

Follow an opinion verb with an infinitive where in English a gerund (–ing) is often used.

> *Me encanta ir de compras.* – I love going shopping.

The present continuous tense

The present continuous is used to describe an action in progress. It is formed by combining the verb *estar* in the present tense with the present participle. The present participle (or 'gerund') is the '–ing' form of the verb. To form the present participle of regular *–ar* verbs, remove the *–ar* and add *–ando* to the stem of the verb. To form the present participle of regular *–er* and *–ir* verbs, remove the ending and add *–iendo*.

> *viajar* ➜ *viajando*

> *estás viajando* – you are travelling

> *comer* ➜ *comiendo*

> *están comiendo* – they are eating

There are a number of irregular gerunds, such as:

yendo	going (from *ir*)
leyendo	reading (from *leer*)
durmiendo	sleeping (from *dormir*)
diciendo	saying (from *decir*)
pidiendo	asking for (from *pedir*)
viniendo	coming (from *venir*)

Gramática

The negative

There are a range of negative expressions in Spanish. Pay careful attention to their position in a sentence.

No me gusta la chaqueta. – I **don't** like the jacket.

Nunca como pasta. – I **never** eat pasta.

No bebo ni agua ni leche. – I drink **neither** water **nor** milk.

Note that *nada* is also used to mean 'nothing' or 'anything' in a negative sentence.

*No me gustan **nada** los vaqueros.* – I **don't** like the jeans **at all**.

*No voy a hacer **nada**.* – I'm going to do **nothing**. / I'm **not** going to do **anything**.

Nadie escucha la radio. – **No one** listens to the radio.

Ya no como chocolate. – I **no longer** eat chocolate.

*No como verduras, **tampoco** como fruta.* – I don't eat vegetables, **nor** do I eat fruit.

Interrogatives

Some of the most common question words in Spanish are:

¿qué?	what?
¿cuándo?	when?
¿cómo?	how?

These interrogatives aren't always used as you would expect.

¿Cómo te llamas? – What is your name? (Literally: how do you call yourself?)

¿cuánto/a(s)?	how much/many?
¿cuál(es)?	which?/what?
¿quién(es)?	who?

These interrogatives agree with the noun that follows them.

¿Cuántos instrumentos tocas? – How many instruments do you play?

Note that any statement can be turned into a yes/no question simply by adding question marks:

¿ _____?

When speaking, clear question intonation should be used.

Tu primo está en Colombia. – Your cousin is in Colombia.

¿Tu primo está en Colombia? – Is your cousin in Colombia?

Adverbs

Adverbs are words that change the meaning of a verb or adjective.

Adverbs of frequency (stating how often something is done) include the following:

siempre	always
a veces	sometimes
a menudo	often
raras veces	rarely
nunca	never

Siempre voy de vacaciones a Nerja. – I always go to Nerja on holiday.

Other adverbs can also be formed by adding –*mente* to the end of a feminine singular adjective.

rápidamente	quickly
personalmente	personally
fácilmente	easily
generalmente	generally

All of these adverbs are usually placed either before the verb or at the end of the sentence.

Generalmente visito a mis tíos en julio. – I normally visit my aunt and uncle in July.

Prepositions of place

Prepositions of place are used to refer to where something or someone is located.

delante de	in front of
detrás de	behind
encima de	on top of
debajo de	beneath
al lado de	next to

delante de la casa – in front of the house

al lado de la ventana – next to the window

Contractions

When the preposition *de* is used before the masculine article *el*, both words merge to form **del**.

al lado de el parque ➜ *al lado del parque*

encima de el cuaderno ➜ *encima del cuaderno*

Also, the preposition *a* and *el* merge to form **al**.

Vamos a el estadio de fútbol. ➜ *Vamos al estadio de fútbol.*

Mi tía va a el hospital. ➜ *Mi tía va al hospital.*

Indefinite adjectives

The following non-specific adjectives are placed before the noun they describe. They must also agree with the noun. Note that *varios/as* (several) only exists in the plural form.

	masculine	feminine	masc. plural	fem. plural
some	algún	alguna	algunos	algunas
a lot of	mucho	mucha	muchos	muchas
certain	cierto	cierta	ciertos	ciertas
other	otro	otra	otros	otras
few	poco	poca	pocos	pocas
all	todo	toda	todos	todas
several	-	-	varios	varias

Ciertas personas piensan que hay mucha contaminación en el río Amazonas. – Certain people think that there is a lot of pollution in the Amazon River.

Demonstrative adjectives

These adjectives show the relative position of an object. They change in gender (masculine or feminine) and number (singular or plural) according to the noun they are describing.

	masculine	feminine
this	este	esta
these	estos	estas

	masculine	feminine
that	ese	esa
those	esos	esas

	masculine	feminine
that (over there)	aquel	aquella
those (over there)	aquellos	aquellas

Estos zapatos son caros. – These shoes are expensive.

Aquellas llamas viven en la montaña. – Those llamas over there live in the mountains.

Ese vestido azul es corto. – That blue dress is short.

They can also be used on their own as pronouns, replacing the noun.

No quiero estos plátanos, prefiero aquellos. – I don't want these bananas, I prefer **those** (over there).

Esa corbata es más cara que esta. – That tie is more expensive than **this one**.

Direct object pronouns

me	me		*nos*	us
te	you (singular)		*os*	you (plural)
lo/la	it/him/her		*los/las*	them

A direct object pronoun is placed **before** the conjugated verb. It can also be attached to the **end** of an infinitive. The direct object pronoun must agree (masculine, feminine or plural) with the noun it replaces.

Compré una corbata. – I bought a tie. ➜ *La compré.* – I bought it.

Nunca comes fajitas. – You never eat fajitas. ➜ *Nunca las comes.* – You never eat **them**.

Gramática

Impersonal *se*

In Spanish, it is common to follow *se* with the *él/ella* form of a verb to make general observations, recommendations or to say what is done.

Se pueden ver muchas películas en Netflix. – You can watch lots of films on Netflix.

En España se come paella los domingos. – In Spain, paella is eaten on Sundays.

The imperative

The imperative is used to give someone commands or make requests. In the *tú* form, it is formed by using the third person singular form of a verb.

¡Toma estas pastillas! – Take these pills!

¡Bebe mucha agua! – Drink lots of water!

Remember that some imperatives are irregular.

¡Ten cuidado! – Take care!

¡Haz tus deberes! – Do your homework!

If you are talking to more than one person, you must use the plural imperative (*vosotros*). To form this, replace the last letter ('r') of the infinitive with a 'd':

¡Bebed! ¡Tomad! ¡Comed! ¡Escribid!

The perfect tense

The perfect tense is used to describe things that have happened in the recent past. To form it, first use the verb *haber* (to have) in the present tense.

he	I have	*hemos*	we have
has	you (singular) have	*habéis*	you (plural) have
ha	he/she/it has	*han*	they have

Once you have chosen the form of the verb *haber* you need, follow it with the past participle of the verb you want to use. English past participles often end in '-ed', e.g. jumped, talked, listened. To form past participles for regular (*-ar*) verbs in Spanish, remove the *-ar* from the infinitive and replace it with *-ado*.

bailar ➜ *bailado*

tocar ➜ *tocado*

To form past participles for regular *-er* and *-ir* verbs, remove the *-er* or *-ir* and replace it with *-ido*.

perder ➜ *perdido*

salir ➜ *salido*

has comprado – you have bought

se han vestido – they have got dressed

There are a range of irregular past participles.

infinitive	past participle	English
ver	visto	seen
escribir	escrito	written
hacer	hecho	done
decir	dicho	said
volver	vuelto	returned
poner	puesto	put
morir	muerto	died
abrir	abierto	opened

The preterite tense

This past tense is used to describe completed actions that took place at a fixed point in time or during a specific period of time. To form the preterite tense, remove the *-ar*, *-er* or *-ir* of the infinitive and add the following endings.

	–ar	–er / –ir
yo	–é	–í
tú	–aste	–iste
él/ella	–ó	–ió
nosotros/as	–amos	–imos
vosotros/as	–asteis	–isteis
ellos/as	–aron	–ieron

visité – I visited   *jugaron* – they played

bebiste – you drank

There are a lot of irregular verbs in the preterite tense: see the verb tables on page 148 for some examples.

The imperfect tense

This tense is used to describe repeated actions in the past (what **used to** be done) or what someone **was** doing.

To form it, remove the last two letters of the infinitive and add the following endings.

	–ar	–er / –ir
yo	–aba	–ía
tú	–abas	–ías
él/ella	–aba	–ía
nosotros/as	–ábamos	–íamos
vosotros/as	–abais	–íais
ellos/as	–aban	–ían

viajaban – they used to travel / they were travelling

comías – you used to eat / you were eating

There are only three irregular verbs in the imperfect tense.

ser ➜ *era, eras, era…*

ir ➜ *iba, ibas, iba…*

ver ➜ *veía, veías, veía…*

The imperfect tense can be used alongside the preterite tense to narrate events.

Viajaba** a Valencia cuando mi madre me **llamó. – I was travelling to Valencia when my mum called me.

The simple future tense

The Spanish simple future tense is the equivalent of the English 'will' or 'shall'. To form it, add the following endings to the infinitive form of the verb.

	–ar / –er / –ir
yo	–é
tú	–ás
él/ella	–á
nosotros/as	–emos
vosotros/as	–éis
ellos/as	–án

jugaré – I will play

escucharás – you will listen

serán – they will be

Some examples of irregular verbs in the simple future tense:

tener ➜ *tendré*	*poder* ➜ *podré*
hacer ➜ *haré*	*saber* ➜ *sabré*
querer ➜ *querré*	*salir* ➜ *saldré*
poner ➜ *pondré*	*venir* ➜ *vendré*

The conditional

The conditional is usually translated into English as 'would'. To form the conditional in Spanish, add the following endings to the infinitive form of the verb.

	–ar / –er / –ir
yo	–ía
tú	–ías
él/ella	–ía
nosotros/as	–íamos
vosotros/as	–íais
ellos/as	–ían

comprarías – you would buy

comeríamos – we would eat

Note that the irregular verbs in the future tense are also irregular in the conditional.

tendrías – you would have

harían – they would do

The present

	hablar – to talk	*comer* – to eat	*vivir* – to live
yo	hablo	como	vivo
tú	hablas	comes	vives
él/ella	habla	come	vive
nosotros/as	hablamos	comemos	vivimos
vosotros/as	habláis	coméis	vivís
ellos/as	hablan	comen	viven

The present continuous

	hablar – to talk	*comer* – to eat	*vivir* – to live
yo	estoy hablando	estoy comiendo	estoy viviendo
tú	estás hablando	estás comiendo	estás viviendo
él/ella	está hablando	está comiendo	está viviendo
nosotros/as	estamos hablando	estamos comiendo	estamos viviendo
vosotros/as	estáis hablando	estáis comiendo	estáis viviendo
ellos/as	están hablando	están comiendo	están viviendo

The preterite: regular verbs

	hablar – to talk	*comer* – to eat	*vivir* – to live
yo	hablé	comí	viví
tú	hablaste	comiste	viviste
él/ella	habló	comió	vivió
nosotros/as	hablamos	comimos	vivimos
vosotros/as	hablasteis	comisteis	vivisteis
ellos/as	hablaron	comieron	vivieron

The preterite: irregular verbs

	ir – to go	*hacer* – to do	*ver* – to see
yo	fui	hice	vi
tú	fuiste	hiciste	viste
él/ella	fue	hizo	vio
nosotros/as	fuimos	hicimos	vimos
vosotros/as	fuisteis	hicisteis	visteis
ellos/as	fueron	hicieron	vieron

The perfect

	hablar – to talk	*comer* – to eat	*vivir* – to live
yo	he hablado	he comido	he vivido
tú	has hablado	has comido	has vivido
él/ella	ha hablado	ha comido	ha vivido
nosotros/as	hemos hablado	hemos comido	hemos vivido
vosotros/as	habéis hablado	habéis comido	habéis vivido
ellos/as	han hablado	han comido	han vivido

The imperfect

	hablar – to talk	*comer* – to eat	*vivir* – to live
yo	hablaba	comía	vivía
tú	hablabas	comías	vivías
él/ella	hablaba	comía	vivía
nosotros/as	hablábamos	comíamos	vivíamos
vosotros/as	hablabais	comíais	vivíais
ellos/as	hablaban	comían	vivían

The near future

	hablar – to talk	*comer* – to eat	*vivir* – to live
yo	voy a hablar	voy a comer	voy a vivir
tú	vas a hablar	vas a comer	vas a vivir
él/ella	va a hablar	va a comer	va a vivir
nosotros/as	vamos a hablar	vamos a comer	vamos a vivir
vosotros/as	vais a hablar	vais a comer	vais a vivir
ellos/as	van a hablar	van a comer	van a vivir

The simple future

	hablar – to talk	*comer* – to eat	*vivir* – to live
yo	hablaré	comeré	viviré
tú	hablarás	comerás	vivirás
él/ella	hablará	comerá	vivirá
nosotros/as	hablaremos	comeremos	viviremos
vosotros/as	hablaréis	comeréis	viviréis
ellos/as	hablarán	comerán	vivirán

The conditional

	hablar – to talk	*comer* – to eat	*vivir* – to live
yo	hablaría	comería	viviría
tú	hablarías	comerías	vivirías
él/ella	hablaría	comería	viviría
nosotros/as	hablaríamos	comeríamos	viviríamos
vosotros/as	hablaríais	comeríais	viviríais
ellos/as	hablarían	comerían	vivirían

The imperative

	hablar – to talk	*comer* – to eat	*vivir* – to live
yo	–	–	–
tú	¡habla!	¡come!	¡vive!
él/ella	–	–	–
nosotros/as	¡hablemos!	¡comamos!	¡vivamos!
vosotros/as	¡hablad!	¡comed!	¡vivid!
ellos/as	–	–	–

Glosario

Here is a key to the abbreviations used in the glossary:

adj   adjective – a describing word

*Es **esencial** comer fruta y verdura.*

adv   adverb – a word that describes or changes the meaning of a verb or adjective

*Me despierto **temprano** por la mañana.*

conj   conjunction – a word used to connect phrases

*No toco instrumentos, **pero** me gusta escuchar música.*

n   noun – a person, animal, object, place or thing

*¡Ay! ¡Me duele la **cabeza**!*

prep   preposition – a word that specifies time, direction or place

*Los platos están **sobre** la mesa.*

v   verb – a 'doing' or 'being' word

***Vamos** a **viajar** en avión.*

A

	abierto/a	adj	open (personality)
el	abrigo	n	coat
	abrir	v	to open
el	aceite	n	oil
	acompañar	v	to accompany, go with
	aconsejable	adj	advisable
	acostar(se)	v	to go to bed
el/la	actor/actriz	n	actor/actress
de	acuerdo	adv	for, in agreement
la	afirmación	n	statement, fact
la	agencia de viajes	n	travel agency
el/la	agente de viajes	n	travel agent
el	agosto	n	August
	agradable	adj	pleasant
el	agua	n	water
el	aguacate	n	avocado
	aguantar(se)	v	to stand, bear
el	agujero	n	hole
al	aire libre		in the open air
el	ajillo	n	garlic

	alarmante	adj	alarming
	Alemania	n	Germany
	alérgico/a	adj	allergic
la	alfombra	n	rug
	algunos/algunas	adj	some
la	alimentación	n	food
	almorzar	v	to have lunch
	alojar(se)	v	to stay
	alquilar	v	to hire
	alrededor de	prep	around
la	altura	n	altitude
	amable	adj	kind
	amargo/a	adj	bitter
	ambicioso/a	adj	ambitious
	amplio/a	adj	baggy
el	analfabetismo	n	illiteracy
el	animal	n	animal
el	año	n	year
	antes	adv	first, before
el	anuncio	n	advert
el	aparcamiento	n	car park
el	apetito	n	appetite

la	aplicación	n	application (app)
	apropiado/a	adj	appropriate
	aproximadamente	adv	approximately
	aproximado/a	adj	approximate
	aquel/aquella	adj	that (further away)
	aquellos/aquellas	adj	those (further away)
el	árbol	n	tree
la	arena	n	sand
la	arepa	n	arepa (round snack made from maize dough)
	arqueológico/a	adj	archaeological
el/la	arquitecto/a	n	architect
	arriesgado/a	adj	risky
el	arroz	n	rice
la	artesanía	n	arts and crafts/craftwork
el/la	artista	n	artist, performer
el/la	asistente personal	n	personal assistant
	asqueroso/a	adj	disgusting
el	autocar	n	coach
la	avenida	n	avenue
la	aventura	n	adventure
de	aventuras	adj	adventure
el	avión	n	plane
la	azotea	n	rooftop

B

	bailar	v	to dance
la	banda	n	band/group
la	bandera	n	flag
la	barbacoa	n	barbecue
el	barco	n	boat
la	basura	n	rubbish
la	batería	n	battery/drums
	beber	v	to drink
la	bebida	n	drink
el	béisbol	n	baseball
el/la	bibliotecario/a	n	librarian
la	bicicleta	n	bicycle
en	bicicleta	adv	by bicycle
	bien informado/a	adj	well-informed
el/la	bloguero/a	n	blogger
la	blusa	n	blouse

la	boda	n	wedding
	bonito/a	adj	pretty
el	bosque	n	forest
el	brazo	n	arm

C

el	caballo	n	horse
la	cabeza	n	head
el	cacao	n	cocoa
la	cadena	n	chain
los	calcetines	n pl	socks
el/la	camarero/a	n	waiter
	cambiar	v	to (ex)change
	cambiar mi estado	v	to update/change my status
	cambiar(se) de ropa	v	to get changed
el	cambio	n	exchange
la	camisa	n	shirt
la	camiseta	n	t-shirt
el	camping	n	campsite
el	campo	n	countryside
el	canal	n	canal/channel
la	canela	n	cinnamon
	cansado/a	adj	tired
	cansar(se)	v	to tire
el/la	cantante	n	singer
la	cantina	n	canteen
la	capibara	n	capybara (large rodent)
el	capítulo	n	episode, chapter
el	caramelo	n	sweet
	caribeño/a	adj	Caribbean
la	carne	n	meat
la	carnicería	n	butcher's
el/la	carnicero/a	n	butcher
a la	carta		on demand
el	cartón	n	cardboard
a	casa	adv	at home
la	cascada	n	waterfall
la	catedral	n	cathedral
	cautivador(a)	adj	captivating
la	cebolla	n	onion
la	cena	n	dinner
	cenar	v	to have dinner

	cerca	*adv*	near, close
	cerrar	*v*	to close
el	ceviche	*n*	ceviche (raw seafood dish)
el	champiñón	*n*	mushroom
el	chapulín	*n*	grasshopper
la	chaqueta	*n*	jacket
el	charco	*n*	rock pool
el	ciclismo	*n*	cycling
de	ciencia ficción	*adj*	science fiction
el/la	científico/a	*n*	scientist
	cierto/a	*adj*	certain
la	cinta para el pelo	*n*	headband
el	cinturón	*n*	belt
el	clic	*n*	click (on the mouse button)
el/la	cliente	*n*	customer
el	coche	*n*	car
en	coche	*adv*	by car
el	cocido	*n*	traditional chickpea stew
el/la	cocinero/a	*n*	chef
el	codo	*n*	elbow
el	comedor social	*n*	soup kitchen
	comentar	*v*	to comment on
	comenzar	*v*	to start
	comer	*v*	to eat
la	comida	*n*	food/lunch
la	comida rápida	*n*	fast food
	cómodo/a	*adj*	comfortable
	complejo/a	*adj*	complex
el	complemento	*n*	accessory
la	compra	*n*	shopping
	comprar	*v*	to buy
el	compromiso	*n*	obligation/commitment
	con	*prep*	with
la	concentración	*n*	gathering/rally
la	concha	*n*	shell
la	conciencia	*n*	awareness
el	concierto	*n*	concert
el/la	concursante	*n*	contestant, competitor
el	concurso	*n*	game show/quiz game
la	conexión	*n*	connection
el	conflicto	*n*	conflict
	construir	*v*	to build, construct
la	contaminación	*n*	contamination, pollution

	contaminante	*adj*	contaminating, polluting
	contener	*v*	to contain
en	contra	*adv*	against
el	coral	*n*	coral
la	corbata	*n*	tie
la	corrida de toros	*n*	bullfight
	corto/a	*adj*	short
el	crecimiento	*n*	growth
la	crema	*n*	cream
	criticar	*v*	to criticise
el	crucero	*n*	cruise
de	cuadros	*adj*	checked
	cualificado/a	*adj*	qualified
	cuarto/a	*adj*	fourth
	cuatro por cuatro	*adj*	4x4 (vehicle)
	cubano/a	*adj*	Cuban
el	cuello	*n*	neck
la	cuenta	*n*	bill/account
	cuidar (de)	*v*	to care (for)

D

	dar 'me gusta'	*v*	to 'like' (e.g. a photo)
	dar de comer	*v*	to feed
los	datos personales	*n pl*	personal data
los	deberes	*n pl*	homework
la	década	*n*	decade
	decepcionante	*adj*	disappointing
	decidir	*v*	to decide
	décimo/a	*adj*	tenth
el	dedo	*n*	finger
el	dedo del pie	*n*	toe
la	deforestación	*n*	deforestation
	dejar de	*v*	to stop doing
el	delfín	*n*	dolphin
	delicioso/a	*adj*	delicious
el/la	dentista	*n*	dentist
	depender de	*v*	to depend on
de	deportes	*adj*	sports
	deprisa	*adv*	fast, quickly
	derivado/a de	*v*	derived from (from *derivar*)
	desarrollar	*v*	to develop
	desayunar	*v*	to have breakfast
el	desayuno	*n*	breakfast

	descargar	v	to download
	desconectar	v	to switch off, escape
el	desperdicio	n	waste
	despertar(se)	v	to wake up
	después	adv/conj/prep	after, afterwards
el	destino	n	destination
la	destrucción	n	destruction
	devolver	v	to return
el	día	n	day
	diario/a	adj	daily
de	dibujos animados	adj	animated
los	dibujos animados	n pl	cartoon/animation
la	dieta	n	diet
los	dioses	n pl	gods
en	directo	adj	live
la	discoteca	n	night club
	discutir	v	to argue, quarrel
de	disfraces	adj	fancy dress
	disfrutar de	v	to enjoy
el	dispositivo	n	device
	distinto/a	adj	different
el	documental	n	documentary
la	donación	n	donation
	dormir	v	to sleep
	duchar(se)	v	to have a shower
	dulce	adj	sweet
	durar	v	to last

E

el	edificio	n	building
	educativo/a	adj	educational
el	efecto	n	effect
	Egipto	n	Egypt
el/la	electricista	n	electrician
	elegante	adj	smart, stylish
la	empanada	n	pasty
	empezar	v	to start
	encerrado/a	adj	locked
	encontrar	v	to find
la	energía	n	energy
	enfadar(se)	v	to get angry
el/la	enfermero/a	n	nurse

la	ensalada	n	salad
	entretenido/a	adj	entertaining
el	envase	n	container
el	equipamiento	n	equipment
la	escapada a la ciudad	n	city break
	Escocia	n	Scotland
el/la	escritor(a)	n	writer
	ese/esa	adj	that
	esencial	adj	essential
	esos/esas	adj	those
el	espacio	n	space
la	espalda	n	back
	espeluznante	adj	terrifying
	esperar	v	to hope, wish/wait
el	estado	n	state/status
	Estados Unidos	n pl	United States
el	estampado	n	pattern
	estampado/a	adj	patterned
	estar	v	to be
	este/esta	adj	this
el	estilo	n	style
	estimulante	adj	stimulating
el	estómago	n	stomach
	estos/estas	adj	these
	estrecho/a	adj	tight
la	estrella	n	star
	estricto/a	adj	strict
	exigente	adj	demanding
la	expedición	n	expedition
la	experiencia	n	experience
	exquisito/a	adj	exquisite, delicious
la	extinción	n	extinction

F

las	fajitas	n pl	fajitas
la	falda	n	skirt
la	falta	n	lack
	favorito/a	adj	favourite
el	filtro	n	filter
al	final		at the end
la	flauta	n	flute
de	flores	adj	floral

el/la	fontanero/a	n	plumber
la	foto	n	photo
el/la	fotógrafo/a	n	photographer
	Francia	n	France
	fresco/a	adj	fresh
los	frijoles	n pl	beans
la	frontera	n	border
la	fruta	n	fruit
la	frutería	n	fruit shop
	funcionar	v	to work/function

G

las	gafas de sol	n pl	sunglasses
la	gaita	n	bagpipes
	Gales	n	Wales
la	galleta	n	biscuit
el/la	ganador(a)	n	winner
	ganar	v	to win
el	garbanzo	n	chickpea
	gastar	v	to waste/use
la	gastronomía	n	cuisine
el	globo	n	hot-air balloon
la	gorra	n	cap
	gracioso/a	adj	funny
el/la	granjero/a	n	farmer
la	grasa	n	fat
	grasiento/a	adj	fatty
	gratificante	adj	satisfying
	Grecia	n	Greece
la	gripe	n	flu
	gritar	v	to shout
el	grupo	n	group
el	guacamole	n	guacamole
	guay	adj	cool
los	guisantes	n pl	peas
el	guiso	n	stew
la	guitarra	n	guitar

H

el	hábitat	n	habitat
	hablar con	v	to talk to

	hablar sobre	v	to talk about
	hacer	v	to do/make
	hacer un maratón de	v	to binge-watch
la	hacienda	n	ranch, estate
la	hamburguesa	n	hamburger
	hasta	adv/prep	even, until
el	helado	n	ice cream
	histórico/a	adj	historical, historic
el	hogar	n	homewares/home
el	hombro	n	shoulder
	hortera	adj	tacky
el	hostal	n	hostel
el	hotel	n	hotel
el	huevo	n	egg
de	humor	adj	comedy

I

la	iglesia	n	church
	igual	adj	same, equal
	impactante	adj	striking
	importante	adj	important
	incluido/a	adj	included
	incompatible	adj	incompatible
la	infancia	n	childhood
	Inglaterra	n	England
el	ingrediente	n	ingredient
	injusto/a	adj	unfair
	inmediatamente	adv	immediately
	insípido/a	adj	bland/tasteless
el	instituto	n	school
el	instrumento	n	instrument
por	Internet	adj/adv	online
la	inundación	n	flood
	ir	v	to go
	ir de compras	v	to go shopping
	ir de visita	v	to pay a visit
	Irlanda	n	Ireland
la	isla	n	island
	Italia	n	Italy

J

el	jamón	n	ham
el	jarabe	n	cough syrup
el/la	jefe/a	n	boss
el	jersey	n	jumper
la	joyería	n	jewellery shop
el/la	jugador(a) de fútbol	n	football player
	jugar a	v	to play (sport)
el	juguete	n	toy
la	juguetería	n	toy shop
	justo/a	adj	fair

L

	lácteo/a	adj	dairy
	largo/a	adj	long
la	lata	n	can
	lavar(se) los dientes	v	to brush your teeth
la	leche	n	milk
	leer	v	to read
	levantar(se)	v	to get up
la	libertad	n	freedom
el	limón	n	lemon
en	línea	adj	online
el	lío	n	mess
	liso/a	adj	plain
	llamar	v	to call
	llegar	v	to arrive
	llevar	v	to wear
	llevarse bien con	v	to get on well with
	llevarse mal con	v	to get on badly with
las	lluvias torrenciales	n pl	torrential rain
	lo siento		I'm sorry
	loco/a	adj	crazy
la	lotería	n	lottery
	luego	adv	then, later
el	lugar	n	place
de	lujo	adj	expensive
la	lulada	n	traditional Colombian fruit juice
de	lunares	adj	spotted

M

	mal	adj	ill
	malgastar	v	to waste
la	mano	n	hand
la	manzana	n	apple
el	mar	n	sea
de	marca	adj	designer
	mareado/a	adj	dizzy
el	marisco	n	seafood
	más adelante		later on
el/la	mecánico/a	n	mechanic
la	medicina	n	medicine
el/la	médico	n	doctor
el	medio ambiente	n	environment
	medioambiental	adj	environmental
	mejor	adj	better/best
el/la	melómano/a	n	music lover
	memorable	adj	memorable
el	menú	n	menu
a	menudo	adv	often
el	mercado	n	market
	merendar	v	to have a snack (afternoon)
la	merienda	n	snack
el	mes	n	month
la	mezcla	n	mixture
	mi/mis	adj	my
el	micro	n	small bus (Lat. Am.)
de	miedo	adj	horror
la	miel	n	honey
	mientras	conj	while
el	miércoles	n	Wednesday
el/la	millonario/a	n	millionaire
de	misterio	adj	mystery
de	moda	adj	in fashion/fashionable
la	moda deportiva	n	sportswear
el	mono	n	monkey
la	montaña	n	mountain
	montar	v	to ride, go on
un	montón		lots of
el	monumento	n	monument
	morir	v	to die
la	moto acuática	n	jet-ski
la	motocicleta	n	motorbike

	mucho/a	*adj*	a lot
	muchos/as	*adj*	many
los	muebles	*n pl*	furniture
el	mundo	*n*	the world
el	mural	*n*	mural
el	museo	*n*	museum
la	música	*n*	music
	musical	*adj*	music, musical
	muy	*adv*	very

N

	nadar	*v*	to swim
la	naranja	*n*	orange
la	nariz	*n*	nose
	natural	*adj*	natural
la	naturaleza	*n*	nature
el	navegador	*n*	sat-nav
las	noticias	*n pl*	news
	noveno/a	*adj*	ninth
la	novia	*n*	girlfriend
el	novio	*n*	boyfriend
	nuevo/a	*adj*	new
	nunca	*adv*	never
el	nutriente	*n*	nutrient
	nutritivo/a	*adj*	nutritious

O

el	objeto	*n*	object
	observar	*v*	to observe
la	obsesión	*n*	obsession
	obsesionado/a	*adj*	obsessed
	octavo/a	*adj*	eighth
	ocurrir	*v*	to happen, occur
del	oeste	*adj*	western
la	oferta	*n*	offer
los	oídos	*n pl*	ears
los	ojos	*n pl*	eyes
el	origen	*n*	origin

P

los	padres	*n pl*	parents
la	paella	*n*	paella (rice dish with seafood and/or meat)
el	palacio	*n*	palace
el	pan	*n*	bread
la	panadería	*n*	baker's
la	pandereta	*n*	tambourine
los	pantalones	*n pl*	trousers
el	papel	*n*	paper
la	papelería	*n*	stationery shop
el	parque nacional	*n*	national park
el	partido	*n*	match
	pasado/a	*adj*	last
	pasar	*v*	to spend (time)
	pasear	*v*	to stroll
	pasear al perro	*v*	to walk the dog
la	pasión	*n*	passion
la	pastilla	*n*	tablet, pill
las	patatas fritas	*n pl*	chips
	pedir	*v*	to ask for
el	peinado	*n*	hairstyle
	peinar(se)	*v*	to brush/comb your hair
	pelearse	*v*	to fight/argue
la	película	*n*	film
en	peligro	*adj*	in danger
	peligroso/a	*adj*	dangerous
la	peluquería	*n*	hairdresser's
el	pensamiento	*n*	thought
	pensar en	*v*	to think about
	peor	*adj*	worse/worst
el	perfil	*n*	profile
la	perfumería	*n*	perfume shop
el	permiso	*n*	permission
la	pescadería	*n*	fishmonger's
el/la	pescadero/a	*n*	fishmonger
el	pescado	*n*	fish
	pescar	*v*	to fish
el	piano	*n*	piano
la	picadura	*n*	bite, sting
	picante	*adj*	spicy
a	pie	*adv*	on foot
el	pie	*n*	foot

la	**pierna**	n	leg
el	**pijama**	n	pyjamas
el/la	**piloto (de avión)**	n	pilot
el	**pimiento**	n	pepper
la	**piña**	n	pineapple
el/la	**pintor(a)**	n	painter
la	**pintura**	n	painting
la	**piscina**	n	pool
	planear	v	to plan
la	**planta baja**	n	ground floor
la	**plantación**	n	plantation
de	**plástico**	adj	plastic
el	**plátano**	n	banana
el	**plato**	n	dish
la	**playa**	n	beach
la	**plaza**	n	square (in town/city)
la	**plaza de toros**	n	bullring
	poco/a	adj	little/few
	pocos/as	adj	few
	poco sano/a	adj	unhealthy
el/la	**policía**	n	police officer
el	**pollo**	n	chicken
	poner	v	to put/add
la	**porción**	n	portion
	posible	adj	possible
el	**postre**	n	dessert
	precioso/a	adj	beautiful
	predecible	adj	predictable
	prehispánico/a	adj	pre-hispanic (before the Spanish conquest of Central and South America)
	preocupante	adj	worrying
de	**presión**	adj	pressure
en	**primer plano**		in the foreground
el	**primer plato**	n	first course
la	**primera clase**	n	first class
	primero/a	adj	first
la	**prioridad**	n	priority
	privado/a	adj	private
	probar	v	to try (on)
el	**producto**	n	product
el/la	**profesor(a)**	n	teacher
	profundo/a	adj	deep, insightful
el	**programa**	n	programme

la	**programación**	n	TV guide/schedule
	propio/a	adj	own
	proponer	v	to propose
	proteger	v	to protect
la	**proteína**	n	protein
el	**proyecto**	n	project
	pudiente	adj	wealthy
el	**puente**	n	bridge
el	**puerto**	n	port

Q

	que viene	adj	next
	quedar bien	v	to suit/fit
la	**quemadura**	n	burn
el	**queso**	n	cheese
la	**quinceañera**	n	15th birthday party
	quinto/a	adj	fifth
el	**quiosco de comida**	n	streetfood stall

R

la	**rana**	n	frog
	raras veces	adv	rarely
el	**ratón**	n	mouse
de	**rayas**	adj	striped
la	**razón**	n	reason
	razonable	adj	reasonable
el/la	**recepcionista**	n	receptionist
la	**receta**	n	recipe
	reciclar	v	to recycle
	recoger	v	to collect/pick
	recomendable	adj	recommended
el	**recuerdo**	n	souvenir
la	**red social**	n	social network
el	**reembolso**	n	refund
	refrescante	adj	refreshing
el	**refresco**	n	fizzy drink
la	**regla**	n	rule
	reír	v	to laugh
	relajado/a	adj	relaxed
	relajante	adj	relaxing
	relajar(se)	v	to relax

la	relojería	n	watch shop
	respetar	v	to respect
el	restaurante	n	restaurant
	rico/a	adj	delicious/rich
el	río	n	river
la	rivalidad	n	rivalry
el	rodeo	n	rodeo
la	rodilla	n	knee
	romántico/a	adj	romantic
la	ropa	n	clothing, clothes
	roto/a	adj	broken
la	ruina	n	ruin
la	rutina	n	routine

S

el	sabor	n	flavour, taste
	sabroso/a	adj	tasty
	sacar una foto	v	to take a photo
la	sal	n	salt
	salado/a	adj	salty
la	salchicha	n	sausage
el	salmón	n	salmon
la	salsa	n	salsa/sauce
la	salud	n	health
	saludable	adj	healthy
	salvaje	adj	wild
	sangriento/a	adj	gory
	sano/a	adj	healthy
la	sardina	n	sardine
el/la	secretario/a	n	secretary
	segundo/a	adj	second
en	segundo plano		in the background
el	segundo plato	n	second course
el	selfi	n	selfie
la	selva	n	rainforest
la	semana	n	week
	semanal	adj	weekly
el	senderismo	n	hiking
el	sentimiento	n	feeling
	séptimo/a	adj	seventh
la	sequía	n	drought
la	serie	n	series

	servir	v	to serve
	sexto/a	adj	sixth
	siempre	adv	always
	soler	v	to usually do
	soñar con	v	to dream about
la	sopa	n	soup
	subir	v	to go up/upload
el	submarinismo	n	scuba diving
el	sueldo	n	salary
el	suelo	n	ground, floor
el	supermercado	n	supermarket

T

la	tableta	n	tablet
la	tala de árboles	n	tree felling
el	tamal	n	tamale (traditional Latin American corn-based dish)
	tardar(se)	v	to take (time)/be late
sin	techo	adj	homeless
el	telediario	n	news
el	teleférico	n	cable car
el	teléfono móvil	n	mobile phone
la	telenovela	n	soap opera
	temprano	adv	early
la	tendencia	n	trend
	tercero/a	adj	third
la	terminación	n	ending
	Tex-Mex	adj	mixing Texan and Mexican traditions
el	tiempo	n	time/weather
la	tienda	n	shop
	tierno/a	adj	tender
	típico/a	adj	typical
el	tique (de compra)	n	receipt
la	tirita	n	plaster
el	tobillo	n	ankle
	tocar	v	to play (instrument)
a	todas horas		all the time
	todo lo posible		everything possible
	todos/as	adj	all
	tomar	v	to have/take
	tomar el sol	v	to sunbathe

el	tomate	n	tomato
el	tos	n	cough
las	tostadas	n pl	toast
	trabajar	v	to work
	tradicional	adj	traditional
	traer	v	to bring
	trágico/a	adj	tragic
el	tren	n	train
en	tren	adv	by train
la	tribu	n	tribe
	triste	adj	sad
la	trompeta	n	trumpet
el	trozo	n	piece
el	tucán	n	toucan
el	tuit	n	tweet
	Turquía	n	Turkey

U

	últimamente	adv	recently, lately
	único/a	adj	unique
el	uniforme	n	uniform
	usar	v	to use

V

de	vacaciones	adv	on holiday
las	vacaciones	n pl	holiday
	vale		right, good, OK
el	valle	n	valley
los	vaqueros	n pl	jeans
	variado/a	adj	varied
la	variedad	n	variety
	varios/as	adj	several
a	veces	adv	sometimes
el/la	vegano/a	n	vegan
el/la	vegetariano/a	n	vegetarian
	vender	v	to sell
	venenoso/a	adj	poisonous
	ver	v	to see, watch
el	verano	n	summer
	verde	adj	green
la	verdura	n	vegetables

el	vestido	n	dress
	vestir(se)	v	to get dressed
	viajar	v	to travel
el	viaje	n	trip
el	vídeo	n	video
el	videojuego	n	video game
la	videollamada	n	video call
el	violín	n	violin
	virtual	adj	virtual
la	visita guiada	n	guided tour
	visitar	v	to visit
	volar	v	to fly
el	vóley-playa	n	beach volleyball
el/la	voluntario/a	n	volunteer
	volver	v	to return
	volver a	v	to do something again
los	vómitos	n pl	sickness (vomiting)
el	vuelo	n	flight

Y

el	yogur	n	yoghurt

Z

la	zapatería	n	shoe shop
las	zapatillas (de deporte)	n pl	trainers
los	zapatos	n pl	shoes
el	zoo	n	zoo
el	zumo	n	juice

OXFORD
UNIVERSITY PRESS

Great Clarendon Street, Oxford, OX2 6DP, United Kingdom

Oxford University Press is a department of the University of Oxford. It furthers the University's objective of excellence in research, scholarship, and education by publishing worldwide. Oxford is a registered trade mark of Oxford University Press in the UK and in certain other countries.

British Library Cataloguing in Publication Data

Data available

978-019-842559-5

10 9 8 7 6 5 4

Paper used in the production of this book is a natural, recyclable product made from wood grown in sustainable forests.

The manufacturing process conforms to the environmental regulations of the country of origin.

Printed in India by Multivista Global Pvt. Ltd.

Acknowledgements

The publisher and authors would like to thank the following for permission to use photographs and other copyright material:

Cover illustration by Hennie Haworth

All photos © Shutterstock, except: **p10(d):** CarlosEduardoRamirez/iStockphoto; **p10(f):** Daniel san martin/Alamy Stock Photo; **p13(l):** Nano Calvo/Alamy Stock Photo; **p17(t):** Sverre Haugland/Image Source/Corbis; **p20(l):** Edgar Negrete/Clasos/LatinContent/Getty Images; **p24(m):** OUP; **p39:** Mike Goldwater/Alamy Stock Photo; **p47(tl):** Corbis; **p47(tr):** Santypan/iStockphoto; **p62(a):** Getty Images/OUP; **p62(tr):** Europa Press/Getty Images; **p64(tl):** Joma/Alamy Stock Photo; **p64(b):** CORDON PRESS/Alamy Stock Photo; **p76:** Pablo Cuadra/Getty Images; **p77(c):** Wang Yuguo/Xinhua/Alamy Stock Photo; **p77(d):** Fotonoticias/Getty Images; **p87(m):** hadynyah/iStockphoto; **p97(l):** Melissa Medina/EyeEm/Getty Images; **p97(r):** Juanmonino/iStockphoto; **p101:** Noriko Cooper/Alamy Stock Photo; **p104(b):** Sunny Forest/Shutterstock; **p104(c):** Tunart/iStockphoto; **p108(mr, ml):** Moodboard/Alamy Stock Photo; **p108(bl):** Bildagentur-online/Schickert/Alamy Stock Photo; **p109(tr):** Moodboard/Alamy Stock Photo; **p112(b):** MonicaNinke/iStockphoto; **p121(bm):** Alex Segre/Alamy Stock Photo; **p128(a):** Archive PL/Alamy Stock Photo; **p131(b):** Sabena Jane Blackbird/Alamy Stock Photo.

Artwork by QBS Media Services Inc.

Every effort has been made to contact copyright holders of material reproduced in this book. Any omissions will be rectified in subsequent printings if notice is given to the publisher.

p15: Raquel Keren for 'El pollo', encuentos.com; **p35:** Julián Alonso for 'Las Olas'; **p63:** Eva María Rodríguez for 'El gran robo', cuentoscortos.com; **p83:** Irene Hernández for 'Pedro y el centro comercial', cuentoscortos.com; **p121:** © 1935 Promotora Hispano Americana de Musica (PHAM), administered by Peer International Corporation for the lyrics to *Madrid*.

Tony and José would like to thank their families for their ongoing sacrifice and support, as well as everyone in the the Oxford MFL team involved in bringing ¡Claro! 2 to life.
Audio recordings produced by Colette Thomson for Footstep Productions Ltd; Andrew Garratt (sound engineer).

Every effort has been made to contact copyright holders of material reproduced in this book. Any omissions will be rectified in subsequent printings if notice is given to the publisher.